河南财经政法大学统计与大数据学院论丛

本书的出版得到河南省高等学校人文社会科学重点研究基地"河南教育统计研究中心"和刘定平教授"中原千人计划"专项的资助

汇率波动新常态下企业融资约束与生产率变动研究

New Normal Exchange Rate Fluctuation, Financing Constraints and the Change of Enterprise Productivity

杨文溥 / 著

经济管理出版社
ECONOMY & MANAGEMENT PUBLISHING HOUSE

图书在版编目（CIP）数据

汇率波动新常态下企业融资约束与生产率变动研究/杨文溥著. —北京：经济管理出版社，2020.4

ISBN 978-7-5096-7075-0

Ⅰ.①汇… Ⅱ.①杨… Ⅲ.①汇率波动—影响—企业—融资—研究—中国②汇率波动—影响—全员劳动生产率—研究—中国 Ⅳ.①F279.23

中国版本图书馆 CIP 数据核字（2020）第 054990 号

组稿编辑：杨　雪
责任编辑：杨　雪　王莉莉
责任印制：黄章平
责任校对：陈晓霞

出版发行：经济管理出版社
　　　　　（北京市海淀区北蜂窝 8 号中雅大厦 A 座 11 层　100038）
网　　址：www.E-mp.com.cn
电　　话：（010）51915602
印　　刷：三河市延风印装有限公司
经　　销：新华书店
开　　本：720mm×1000mm /16
印　　张：10.5
字　　数：160 千字
版　　次：2020 年 5 月第 1 版　2020 年 5 月第 1 次印刷
书　　号：ISBN 978-7-5096-7075-0
定　　价：55.00 元

·版权所有　翻印必究·

凡购本社图书，如有印装错误，由本社读者服务部负责调换。
联系地址：北京阜外月坛北小街 2 号
电话：（010）68022974　邮编：100836

前　言

本书写作之际，正值世界百年未有之大变局与我国"两个一百年"奋斗目标的历史交汇期。为了顺利实现经济结构转型，提高我国的国际竞争力，需要不断强化科技创新能力，提高企业的全要素生产率。然而，外部环境发生了显著变化，全球贸易保护主义有所抬头，企业面临严峻的外汇风险和流动性风险。因此，本书的目的是研究在汇率风险加剧情况下，企业融资约束与生产率变动的特征，为企业应对汇率风险和流动性冲击提供参考。本书的安排如下：

第一部分（第一章和第二章）提出研究问题并总结国内外研究现状。

第二部分（第三章）从理论上分析汇率波动、融资约束对企业生产率的影响机制。

第三部分（第四章）采用OP（Olley and Pakes）方法估计出我国工业企业的全要素生产率，并在此基础上分析生产率的地区分布和行业分布。

第四部分（第五章）采用面板数据模型估计汇率波动、融资约束对企业生产率的线性影响。

第五部分（第六章）采用面板门限模型估计汇率波动、融资约束对企业生产率的非线性影响。

第六部分（第七章）给出结论与展望。

本书研究发现，从整体上看，1999~2007年我国企业生产率呈稳步增长的趋势，2008年经济危机导致生产率下滑。然而，经济危机对我国企业的影响可能更持久，排除2011年规模以上企业界定造成的突变后，2008~2013年企业的生产率增长出现了停滞。汇率波动、融资约束均在不同程度上对企业生产率造成负面影响。国有企业生产率受汇率波动的负面影响最小，民营企业次之，外资企业受到的负面影响最大。汇率波动对出口企业生产率影响更大，非出口企业生产率更易受外部融资约束的制约，而出口企业受内部融资约束的冲击更大。相对于规模较小的企业，规模较大的企业能够有效应对汇率风险。此外，增加企业的流动性可以在一定程度上缓解汇率波动对企业生产率的负面影响，当汇率波动超过门限值时，此时增加流动性的效果相对汇率波动低于门限值时大幅下降。

由于笔者的学识水平有限，书中难免存在不足之处，恳请读者批评指正。

目 录

第一章 引言 /1

第一节 研究背景与意义 /1
　　一、研究背景 /1
　　二、研究意义 /4
第二节 相关概念界定 /5
　　一、企业生产率 /5
　　二、汇率波动 /7
　　三、融资约束 /8
第三节 研究思路与研究方法 /9
　　一、研究思路 /9
　　二、研究方法 /11

第二章 研究现状 /13

第一节 汇率与企业生产率的研究现状 /13
　　一、对外贸易与企业生产率的关系 /13
　　二、汇率对企业对外贸易的影响 /15
　　三、汇率变动与企业生产率 /16
第二节 融资约束与企业生产率的研究现状 /25

一、企业融资约束状况 /25
　　二、融资约束对企业生产率的影响 /26
　　三、缓解企业融资约束的途径 /29
第三节　汇率、融资约束与企业行为研究现状 /31

第三章　汇率波动、融资约束对企业生产率的影响机理分析 /36

第一节　汇率波动对企业生产率的影响 /36
　　一、汇率波动对企业技术进步的影响 /36
　　二、汇率波动对企业技术效率的影响 /39
　　三、汇率波动对企业配置效率和规模效率的影响 /40
第二节　融资约束对企业生产率的影响 /43
　　一、融资约束对企业技术进步的影响 /44
　　二、融资约束对企业技术效率的影响 /46
　　三、融资约束对企业配置效率和规模效率的影响 /47
第三节　不同融资约束状况下汇率波动对企业生产率的影响 /48
　　一、不同融资约束状况下汇率波动对企业的影响效果 /48
　　二、不同融资约束状况下企业的汇率风险承受能力 /49

第四章　企业生产率的计算及其分布 /50

第一节　企业生产率计算方法与数据处理 /50
　　一、企业生产率计算方法介绍 /50
　　二、数据与变量处理 /52
第二节　我国企业生产率的估计及分布状况 /54
　　一、我国工业企业生产率的整体状况 /54
　　二、企业全要素生产率的地区分布状况 /58
　　三、企业全要素生产率的行业分布状况 /61
　　四、企业全要素生产率的变动 /64

第五章 汇率波动、融资约束对企业生产率影响的实证分析 /69

第一节 模型设定与描述性统计分析 /69
一、模型设定 /69
二、变量选取与描述性统计 /70
三、描述性统计分析 /72

第二节 汇率波动、融资约束对企业生产率影响的估计结果 /75
一、全样本估计结果分析 /75
二、分组估计结果分析 /78
三、稳健性检验 /93

第三节 不同融资约束状况下汇率波动对企业生产率的影响 /97

第六章 汇率波动、融资约束对企业生产率影响的门限效应分析 /104

第一节 门限估计方法介绍 /104
一、门限模型形式 /104
二、估计门限值 /105
三、门限的统计检验 /107

第二节 汇率波动、融资约束与企业生产率的门限估计 /108
一、企业生产率的门限效应 /108
二、汇率波动的门限效应 /117
三、融资约束的门限效应 /125

第七章 结论与展望 /135

第一节 主要结论 /135
第二节 展望 /138

参考文献 /141

引 言

第一节 研究背景与意义

一、研究背景

企业是国民经济的基本生产单元,不仅为我们提供了生产生活所需要的物质资料,还提供了大量的就业岗位。除此之外,许多新技术、新工艺都源自企业,只有企业的生产率持续进步,人民的生活水平才能不断提高。近十年,我国企业发展迅速,无论是数量还是规模都增长迅速,出现了一批具有国际竞争力的企业。目前,工业仍是我国经济的支柱产业,但是与发达国家相比,整体上仍相对落后,多数行业的关键核心技术与装备对国外的依赖度较高,信息产业、核心部件、系统软件大量依赖进口。许多在国民经济中发挥重要作用的产业及主导产品的生产,往往不是建立在自主知识产权的基础上,而是依靠外国技术和装备进行生产。李克强总理于 2016 年 1 月指出"我们还不具备生产模具钢的能力,包括圆珠笔头上的'圆珠',目前仍然需要进口"。多数企业创新动力不足,大量工业企业处在全球价值链的底端,工业附加值低。当然,这种粗放式的增长方式对我国经济增长起到了重要的推动作用,然而,随着后发优势的消失,这种过分追求速度的增长已经显现出了一系列问题。首先,产能过剩就是其直接后果,由于生产的技术门槛低,大量企业为了获取利润而进入这些行业,致使产能不能被消化,造成了巨大浪费。其次,产业结构不合理,传统产业需求饱和,而新技术产业供给小于需求。最后,经济发展没有考虑环境成本,对一些高能耗、高污染但是收益高的行业不加控制,虽然取得了一定经济利益,但是造成了环境污染。

不论是去产能,还是调整产业结构、改善环境质量,都需要企业从追求规模扩张向提高生产率转变。当前,我国经济发展进入新常态,资源环境和要素成本约束日益趋紧,经济发展环境发生了重大变化。随着我国经济发展进入新常态,对我国制造业发展方式转变提出了紧迫要求。党的十八大明确提出"科技创新是提高社会生产力和综合国力的战略支撑",2019年国务院政府工作报告也再次强调了发展技术创新的战略意义。长期来看,生产率代表了企业的竞争力,企业只有提高生产率,才能在竞争中生存,落后的产能只能被淘汰。一方面,生产率提高有利于企业在国内竞争中立于不败地位;另一方面,生产率提高有助于提升企业的国际竞争力,参与国际竞争。

企业只有不断进行技术研发投入,才能从根本上提高生产率,然而,研发投入数量较大,沉没成本高,企业很难完全依靠自身现金流来完成投资。同时,新技术的不确定性较高,几乎没有抵押价值,因而,我国企业普遍存在"融资难、融资贵"的状况。据世界银行报告,融资约束已经成为我国非金融上市企业发展的主要障碍。当市场处于完全竞争状态时,企业外部资本和内部资本可以完全替代,企业投资行为不会受到其财务状况的影响,因而企业可以通过融资来满足企业生产率提高需要的资金投入。但是由于现实中存在信息不对称、代理问题等现象,企业外部融资成本远高于内部融资成本。与其他投资相比,企业研发投资量较大,企业很难完全依靠自有资金来维持,同时,研发投入具有沉没成本高、担保价值低、投资回收期长等特点,因而融资更为困难。一方面,企业融资渠道较为狭窄，国有银行和股份制银行是企业的主要融资渠道，非银行金融机构虽然便捷高效，但是融资额度较低，满足不了企业大量的融资需求；另一方面，我国现阶段股市疲软、实体经济处于下行空间，大量资金找不到升值渠道，银行等金融机构出于风险考虑，对企业技术研发投资的贷款十分谨慎。另外，我国金融体制不够健全，企业融资状况不容乐观，中小企业由于资本金少、基础薄弱，面临的融资约束最为严重。规模以上企业的财务制度更为健全，因而融资比小企业容易，但是规模以上企业也普遍存在融资的需求，融资渠道不畅使其融资受阻。企业间盈利能力也非常不同，仍有大量企业受困于融资约束，导致企业生产率停滞不前。

汇率是大国经济博弈的战略武器，而货币则体现了国家的国际地位，2016年人民币入选特别提款权（SDR），标志着人民币在国际结算中占有了一席之地。同时，汇率是企业外贸中的重要环境变量，汇率的稳定既有利于本国企业的发展，也有利于与中国存在贸易关系的外国企业发展。汇率反映了两国货币的实际购买力水平，其变动受到外汇市场供求的影响，因而汇率波动不可避免。汇率的小幅波动是市场配置资源的结果，对企业造成的影响相对较小，且企业可以通过在金融市场上对汇率风险进行一定的冲抵。另外，从长期来看，汇率变动可以改善企业的竞争环境，发挥市场优胜劣汰机制，提高企业整体生产率，有助于缓解我国目前产能过剩问题，调整产业结构升级。2005年汇率改革以来，人民币汇率相对稳定，这对促进我国经济发展和金融环境稳定有重要作用。然而，2014年，受经济增速放缓、国际投资者对我国经济增长预期降低的影响，人民币单向升值的趋势发生了改变，单年贬值幅度达2.4%，这是汇率改革后首次年度贬值。2016年特朗普当选美国总统后，人民币亦出现大幅贬值。为了维持人民币兑美元汇率的稳定，中央银行采取了一系列措施，在岸汇率有所收窄，但人民币贬值预期依然强烈。未来，人民币走向市场化的趋势不可避免，双向波动幅度会继续加大并成为"新常态"，企业在进行投资决策时不仅要考虑升值风险，还要考虑贬值风险，企业外汇避险策略面临着新的考验。

二、研究意义

内生经济增长理论表明技术进步,即全要素生产率是经济增长的最主要来源。改革开放以来,我国经济发展迅速,但仍然属于粗放型增长模式,主要依靠劳动力和资本投入拉动,全要素生产率的贡献很小,因而发展缺乏可持续性。随着人口红利消失,我国经济向集约型经济增长转变迫在眉睫。企业是国民经济生产的基本单元,科学技术的进步、创新除了依托科研机构和高校外,还来自企业的研究与试验活动,且从企业角度来研究生产率有微观理论基础,因而越来越多的文献从企业角度来探索生产率变动的原因。除此之外,微观研究还可以加深对生产率增长的潜在驱动力和动态机制的理解。受制于微观数据的缺失,以往只能从经济总体或者行业的角度来研究我国生产率,近几年随着我国统计制度逐步健全、数据口径更加规范,为研究企业生产率提供了条件。本书利用中国工业企业数据计算出的企业层面全要素生产率更加符合现实。中国工业企业数据库来源于国家统计局,其根据统计局的"规模以上工业统计报表"整理得到,包含全部国有和规模以上非国有工业企业数据,占中国工业总产值的95%左右,因而研究结果具有较强的代表性。

进行研发投入和创新是企业生产率提高的主要途径之一,而只有具备充足资金的企业才能承担研发费用。另外,区域技术溢出效用中,企业从模仿到创新也需要资金支持。企业单纯依靠自有资金很难满足该资金量,因而融资约束成为制约生产率提升的主要障碍之一。据世界银行报告,融资约束已经成为我国非金融企业发展的主要障碍,研究融资约束对我国企业的影响具有较强的现实意义。目前,多数研究证实了融资约束与R&D的关系,但是,融资约束是否阻碍企业规模效率的提升、是否会限制企业对先进技术设备的购买,进而影响企业生产率,还需要从理论上分析。另外,各种企业类型的投资需求不同,例如,装备制造业投资成本高,研发活动往往具有收益不确定性、风险大和见效期长等特点,很难获得银行贷款，可能受到更严重的流动性约束。因而融资约束对各种类型企业生产率的影响程度是否存在差异，政府补贴、政企关联是否能对企业的融资约束起到平滑作用，还需要进一步研究。

随着开放程度的提升，我国企业面临着更加激烈的竞争环境。汇率与我国进出口的关系一直是理论研究的重点，特别是当前人民币汇率双向波动成为"新常态"，汇率与我国外贸的关系再一次成为焦点。然而，相对于研究贸易自由化对企业生产率影响的文献来说，有关汇率对企业生产率影响的研究相对较少。一方面，当今全球经济一体化正在形成，各国经济联系更加紧密，全球分工合作更为明显，而这些都依赖于稳定的外汇环境；另一方面，经济危机对外汇市场形成了持续性的冲击，因而研究汇率波动对企业的影响具有较强的现实意义。汇率波动对企业来说是一种风险，那么汇率波动是否会引起企业配置效率的降低？在面对汇率风险时，企业如何调整其产品结构，是否会改变其技术创新投资的决策，甚至改变其企业组织架构，进而对企业生产率产生影响，还需要从理论上分析。另外，我国存在一般贸易和加工贸易，国有、民营和外资等不同出口导向类型的企业的汇率风险暴露程度不同，汇率波动对其影响程度是否存在差异，金融市场发展对于缓解企业资金压力、抵抗汇率波动风险发挥了何种作用，还需要进一步检验。

第二节　相关概念界定

一、企业生产率

生产率是企业产出与投入的比值，用公式表示为：生产率＝产出/投入。采用宏观的投入产出数据，可以计算出国家层面的生产率，这在国际比较中经常采用,同理,对于不同地区或者行业都能够计算相应的生产率。但一方面,宏观层面的投入和产出数据由微观数据汇总,可能会产生较大误差;另一方面,宏观数据对企业的个体差异进行了平均,反映不出企业生产率的异质性,因此,本书的生产率主要是指用企业的投入和产出数据计算出的企业生产率。

根据投入变量的不同,《OECD生产率测算手册》将生产率分为劳动生产率、资本生产率和能源生产率等,按投入要素数量,可以将生产率分为单要素生产率、多要素生产率和全要素生产率。这里"全"的意思是指经济增长中不能归因于有形生产要素增长的那部分,因而全要素生产率增长率可以用来衡量除去有形生产要素以外的纯技术进步的生产率增长。虽然单要素生产率(劳动生产率、资本生产率)可以反映出企业劳动素质水平、资本效率状况,但其不够全面,且单要素生产率容易受到未包含投入要素的影响,例如,企业劳动生产率高很可能是其先进技术设备创造的,而不是劳动技能水平提高创造的。全要素生产率考虑了所有有形的投入变量,不同企业间具有可比性。

科埃利(2008)认为企业的全要素生产率可以划分为技术进步、技术效率、配置效率和规模效率。狭义的全要素生产率就是指技术进步,因而技术进步是生产率进步的根本动力。技术效率则是指在技术水平一定时,企业能够把该水平状况下的产能充分发挥出来的能力,如有些企业组织结构合理,管理制度完善,产品生产中的效率损失较小,因而在同等技术状况下生产率也较高,除此之外,只有企业劳动要素和资本要素的配置处于最优比例,才能充分发挥配置效率,提高企业生产率。如果企业的规模报酬可变,且企业由于规模太小而处于规模报酬递增阶段,或者企业由于规模太大而处于规模报酬递减阶段,那么企业可以通过改变运营规模来获得生产效率的提升。本书所指的生产率指全要素生产率,既包括技术进步,也包括技术效率、规模效率和配置效率。

二、汇率波动

波动是随机变量偏离均值幅度的衡量。在经济发展过程中,许多经济变量都存在不同程度的波动。汇率作为外贸过程中的关键要素,不仅受到外汇市场供求的影响,还受到双方国家货币政策、通货膨胀、经济发展水平等的影响,因而汇率时刻处于波动状态。然而,汇率变量本身有多种形式,要想准确界定汇率波动,必须首先确定汇率。

汇率分为名义汇率、实际汇率、名义有效汇率和实际有效汇率。名义汇率是一种货币以另一种货币为基础的价格,该表示方式最为直接,因而被称为"市场汇率",其变动主要受到外汇市场供求关系的影响。但是由于价格水平的不同等原因,名义汇率不能够直接反映出国家商品的竞争力。实际汇率则用两国价格水平对名义汇率进行调整,其对企业决策来说更为重要。有效汇率是一种加权平均汇率,通常以对外贸易比重为权数。而有效汇率指以本国与各国对外贸易额为权重,对本国与各国汇率与基期的比值进行加权平均。有效汇率衡量了一个国家贸易商品的国际竞争力,因此,本书的汇率波动是指人民币实际有效汇率的波动。

汇率波动包括了汇率升值和贬值,本币升值,则国外商品变得相对便宜,本币贬值,则国内商品变得相对便宜,汇率升值和贬值对商品价格的影响相反,因而对企业生产投资决策的影响不同,但是如果企业在长期内能够对汇率进行预期,那么将不会对其生产造成影响。相反,汇率波动对企业来说是一种风险,无论升值还是贬值,企业采用应对措施都需要花费财力和精力,因而汇率波动可以认为是企业面临的关税壁垒,是企业的一种成本。杜玉兰(2010)认为,汇率风险是在一定时期的国际贸易中,以外币计价的资产由于汇率波动引起的价值涨跌的可能性,包括交易风险、经济风险和折算风险。只要企业在经营活动中以外币计价结算,且存在时间间隔,就会产生外汇风险,一般来说,未清偿的外币债权债务余额越大,间隔时间越长,外汇风险就越大。在浮动汇率制下,由于汇率的波动更频繁、更剧烈,又没有波动幅度的限制,因而企业将面临更高的汇率风险。本书的汇率波动主要指汇率风险,波动程度的计算主要参考 Aghion 等(2009)和 Levine 等(2000)的方法,以汇率自回归模型的残差序列来反映汇率的波动程度。

三、融资约束

广义的融资约束指当存在信息不对称或代理问题时,只要企业不能按照市场成本融到所需资金,就可以认为存在融资约束。当市场处于完全竞争状态时,企业管理者和外部投资者掌握的信息一样多,此时,只要企业的项目预期具有正的净现金流,那么企业通过内部融资和外部融资的成本相同。然而,当存在信息不对称时,企业管理者掌握更多的信息,而外部投资者掌握的信息较少,投资者将制定较高的融资成本对风险进行补偿,因而融资约束导致企业外部融资成本高于内部融资成本。Fazzari 等(1988)将融资约束概括为:由于金融市场存在摩擦,因而公司内部融资和外部融资不能完全替代,外部融资成本高于内部融资成本,企业的投资将更多依赖内部融资,从而公司投资受到外部融资的制约程度代表了企业面临的融资约束。

融资约束的另一种形式是信贷配给。即在市场出现对资金的超额需求时,由于实行固定利率或者政府管控,银行等金融机构无法或者不愿意提高利率。此时,投资者将提出非利率的贷款条件,如要求企业具有一定的初始资金等,满足一部分企业的借款需求,而另一部分企业则无法融到所需资金。本书的融资约束包含了这两种情形,即只要企业不能按市场利率融到所需资金就认为其存在融资约束。

对于企业来说,融资约束可分为内部融资约束和外部融资约束。内部融资约束认为资本市场是有效的,即不存在信息不对称和金融摩擦,融资约束主要源自企业异质性,即企业自身,如企业经营不善、企业信用水平较低等（Campa & Shaver，2002）。相反，外部融资约束认为企业是同质的，融资约束源自市场的非有效性，如信用评级机制不完善、授信方与企业间信息不完全、金融摩擦等（Matsuyama，2005；Ahn et al.，2011）。因而不论是内源资金的不足，还是难以获得银行贷款、不能发行股票或债券等，都可以视为融资约束。本书的融资约束既包括由于内部流动性约束导致的内部融资约束，也包括信贷约束产生的外部融资约束。

第三节 研究思路与研究方法

一、研究思路

企业是国民经济的基本生产单元，只有不断提高企业生产率，才能增强我国的国际竞争力。本书在人民币汇率双向波动成为"新常态"，企业普遍存在"融资难、融资贵"的背景下，探讨汇率波动是否会对我国企业生产率造成冲击，融资约束能否制约我国企业生产率提升，同时探讨增加企业的融资流动性能否缓解汇率波动对企业生产率的冲击。企业是进出口的微观主体，汇率波动可以直接影响到企业决策，从企业角度来研究生产率具有微观理论基础，因此，越来越多文献从企业角度来寻求生产率变动的原因，除此之外，微观研究加深了对生产率增长的潜在驱动力和动态机制的理解。随着国家统计制度的健全，企业数据的不断完善为此提供了必要条件。本书从企业生产率角度进行研究，发现企业生产率的提升除了依靠企业自身努力外，还受到外部环境的影响。汇率是企业生产经营中面临的重要外部环境，汇率波动增大将加剧企业技术创新投资风险，进而对企业生产率产生负面影响。由于技术研发投资量大、沉没成本高、投资的不确定性高，当企业自有资金不足时，如果外部融资环境恶劣,则很容易出现融资约束状况,制约企业生产率进步。金融的发展可以为企业提供更多的融资渠道,当企业融资能力较强时,可以通过融资来回避汇率波动的风险,只有长期的单边汇率走势才会改变其生产投资策略,进而影响到生产率。本书的具体思路如图1-1所示,大致分为四步:

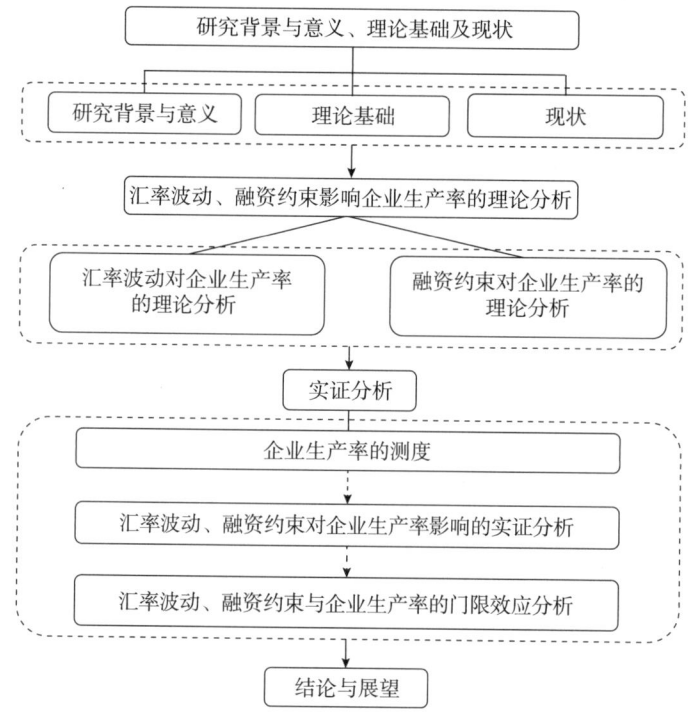

图1-1 本书研究技术路线

资料来源:根据相关资料整理。

第一步:介绍本书的研究背景及意义,对相关概念进行界定。梳理生产率、汇率及融资约束的理论基础,并对国内外的研究成果进行回顾。

第二步:从理论上分析汇率波动、融资约束对企业生产率的影响。企业全要素生产率由技术进步、技术效率、配置效率和规模效率组成,汇率波动增大将阻碍企业技术进步,降低企业技术效率、配置效率和规模效率，对企业全要素生产率产生负面影响。同样，融资约束会制约企业生产率的提升。

第三步：首先，利用中国工业企业数据库，采用OP方法估计出企业全要素生产率，并选取恰当的解释变量、控制变量，建立面板数据模型，估计汇率波动、融资约束对企业生产率的影响程度。其次，在模型中加入汇率波动和融资约束的乘积项来检验融资约束与汇率波动对企业生产率的交互作用。为了使结果可靠有效，对企业异质性进行控制，选择不同的生产率、汇率测度、分样本回归等方法对结果的稳健型进行检验。最后，采用面板门限回归模型对汇率波动、融资约束与企业生产率间的非线性关系进行实证研究。

第四步：总结我国企业生产率的特征，以及汇率波动、融资约束对企业生产率的影响，并对未来我国企业生产率的发展进行展望。

二、研究方法

本书使用了马克思主义辩证法、文献研究法、描述性研究法和定性分析与定量分析相结合四种方法进行研究。

（1）马克思主义辩证法。辩证法是马克思主义唯物论和认识论的统一，是认识自然、人类社会的基本方法，在经济学中同样要坚持辩证法。汇率可能对多个经济主体产生影响，而企业生产率也受到多种因素的作用，因此，在研究中应抓住主要方面，把次要方面当作控制变量进行研究，同时，还可以运用因果分析方法来解决变量间存在的内生性问题。

（2）文献研究法。通过阅读文献，可以对所研究事物形成科学的认识。本书从企业生产率、汇率和融资约束三个方面搜集、整理相关文献，找出企业生产率变动的内外部因素，研究汇率波动对企业行为的影响以及融资约束如何制约企业生产投资，可以更好地把握研究脉络。总之，通过文献研究法，可以形成对汇率、融资约束与企业生产率的整体框架，这是论文写作的基础。

(3) 描述性研究法。描述性研究是定量分析的基础,可以加深对研究对象的了解,因而描述性研究越来越受到国内外学者的重视。通过汇率的走势,可以清楚地认识到汇率的变动特征,通过对企业数量、出口类型、财务状况等企业性质进行描述性统计,并计算出平均值、标准差等指标,可以对我国企业特征有直观的认识,为进一步分析汇率、融资约束与企业生产率间的相互关系作铺垫。

(4) 定性分析与定量分析相结合。定性分析可以从复杂现象中把握事物的本质特征,揭示事物间的联系与区别。同时,从理论上分析汇率波动、融资约束对企业生产率的影响,并提出研究假设,是进行定量分析的基础。另外,企业异质性可能会引起结果的偏误,而定性分析抽象出主要研究对象,使分析结果更加可靠。但是,仅依靠定性分析不能了解事物间作用的大小、程度,因而需要与定量分析相结合。利用定量分析,能够对社会现象的数量特征和数量关系进行分析,可以得到汇率波动、融资约束对企业生产率影响的方向和程度,同时可以清楚地认识到融资约束在异质性企业中的作用。总之,定性分析和定量分析相结合可以使研究结论更为全面。

研究现状

第一节 汇率与企业生产率的研究现状

一、对外贸易与企业生产率的关系

外贸对经济发展有重要作用,Musila 和 Yiheyis(2015)发现对外开放政策促进了肯尼亚的投资增长和经济发展。企业的参与构成了对外贸易,对外贸易也反向影响着企业的行为。一部分研究认为,只有生产效率高的企业才能克服参与出口的沉没成本,因而对外贸易是企业的自我选择行为,对外贸易并不影响企业生产率,这方面的代表是 Melitz(2003)。Melitz 构建了一个由异质性企业构成的动态产业模型来分析国际贸易对产业生产率的影响,结果表明,只有高生产率企业才会选择出口,中等生产率企业参与国内市场,而低生产率企业退出生产。同时,对外开放使产业内资源流向生产率更高的企业,提升了整个行业的生产率。Helpman 等(2004)从水平外商直接投资角度构建了企业行为与对外开放的模型,像出口一样,企业对外直接投资同样需要支付一定的沉没成本,但是具有较小的变动成本,因而具有最高生产率的企业选择对外直接投资,具有次高生产率的企业选择出口,具有更低生产率的企业只参与国内市场。Bernard 等(2007)在对制造业企业的实证研究中发现,出口企业劳动附加值的生产率比非出口企业高 11 个百分点,全要素生产率比非出口企业高 3 个百分点。

另一部分研究则认为,对外贸易可以影响企业生产率,如 Biesebroeck(2005)、Loecker(2007)认为企业可以通过"出口学习"来提高生产率。通过进入出口市场,企业会提高新技术的投资(Burstein & Melitz, 2011; Bustos, 2011)。R&D 投资可以提高企业生产率,因此,企业参与出口会引起 R&D 投资决策的改变。Org(2011)研究了 R&D 投资、生产率和出口决策的动态关系,结论与 Melitz(2003)不同,虽然 R&D 和出口受到企业生产率的自我选择,但企业生产率是内生决定的,R&D 投资也可以提高生产率。贸易自由化可以促使企业增加技术研发投入,提高生产率。Yeaple(2005)首次提出了对外开放可以导致企业加强技术升级的结论,他构建了同质性企业从具有竞争性的技术和异质性劳动者中选择的模型,得出了贸易自由化可以提高企业选择高素质劳动者和新技术的可能性,从而提高企业生产率的结论。Bustos(2009)在 Melitz(2003)模型的基础上引入了技术因素来研究多边贸易协定对企业进出口和技术投入的传导机制,结果表明可变出口成本的降低可以使企业从出口中获得更多利润并应用新技术,对巴西关税的经验研究证实了这一观点,关税每降低 1 单位,企业对技术的投入增加 0.2 单位。出口减税退税政策可以提高企业的生产率,对中间品进口减税也可以促进生产率提升。进口关税调整可以通过以下几种途径影响到企业生产率,即引进学习外国先进技术、进口先进设备和扩大中间品的种类(Bernard et al., 2011)。Amiti 和 Konings(2007)研究了印度尼西亚制造业企业中间品的进口状况,他们发现进口减税使得中间品进口企业的生产率提高了 12%。

国际贸易的一个显著特点是贸易量主要集中在少量企业,多产品企业在对外贸易中占有重要地位。美国 1% 的出口企业约占出口总额的 90%(Bernard et al., 2009),其他国家也有类似现象。Eckel 和 Neary(2010)考虑了多产品制造业企业情况,他们假定企业生产与核心产品差异较大的产品将提高企业的边际成本,同时引入新产品将挤出一部分旧产品的需求市场。贸易则可以使多产品企业专注于生产核心产品,从而提高企业整体生产率(Mayer et al.,2011)。Bernard 和 Schott(2010)发现大约一半的美国外贸存活企业更换产品品种对总产出造成的影响与企业进入、退出市场相当。企业组织结构对生产率有重要影响,Rossihansberg(2011)研究了贸易对美国企业组织形式的影响,发现双边贸易协定使出口企业管理层数增加,企业决策更加分散化,而这促进了出口企业平均生产率的提高。相反,非出口企业减少管理层级,更加集权,导致了生产率降低。

二、汇率对企业对外贸易的影响

贸易对企业生产率产生深刻影响,而汇率及其波动是贸易中主要的因素之一。按照购买力平价理论,如果汇率变动引致的价格能完全传递,则汇率变动并不会影响实体经济。一些学者认为名义汇率波动会对贸易产生负面影响(Thursby,1987)。但 Tenreyro(2015)认为之前名义汇率波动对贸易影响的经验研究可能存在系统偏差,他采用工具变量法来解决此偏差,结果发现名义汇率波动对贸易的影响不显著。行业间的差异可能导致整体结果产生偏差,Bahmani-Oskooee 等(2014)从美国和西班牙的行业角度分析汇率波动对贸易的影响,结果发现只有部分行业受到影响,且行业的出口敏感性更高。Zhang 等(2014)实证表明韩国 148 个出口行业中只有 20 个行业受到汇率波动的负面影响,而 144 个进口行业中有 8 个受到负面影响,14 个受到正面影响,且小企业的汇率风险更大。

2005 年,我国从固定汇率制度变成有管理的浮动汇率制度,汇率对我国经济的影响成为学术热点。袁申国等(2011)通过 DSGE 模型检验发现固定汇率制度相对于浮动汇率会加大我国经济波动。苏海峰和陈浪南(2014)、李芳和李秋娟(2014)、吴丽华和傅广敏(2014)分别证实了汇率对我国进出口、房地产和股市的影响。随着人民币国际化程度的提升,人民币将形成升值压力(沙文兵和刘红忠,2014),进而影响到实体经济。

但是，汇率与宏观经济层面的研究可能存在内生性问题，一方面，汇率变动会影响宏观经济；另一方面，宏观经济也会对汇率造成一定的冲击。除此之外，宏观层面的研究没有发现汇率影响经济的微观机制。因而，从企业角度来研究汇率及其波动对于理解汇率的传导路径十分重要。汇率有多种不同的衡量方式，包括名义汇率、实际汇率、名义有效汇率和实际有效汇率。目前我国人民币汇率参考一篮子货币进行调节，但是企业生产的产品不同，出口地区结构存在较大差异，因而面临的有效汇率也不相同。戴觅和施炳展（2013）采用企业海关贸易数据，计算出了企业层面有效汇率的波动性，他们发现企业层面的有效汇率与国家、行业层面计算的有效汇率存在显著差异，多元化进出口地区结构可以降低汇率风险。

汇率及其波动会对企业产生多方面复杂的影响。首先，最直接的影响表现为进出口。当人民币升值时，企业出口产品价格上涨，企业的价格优势降低，导致出口下降；反之，则出口上升。李宏彬等（2011）实证结果表明人民币汇率每升值1%，企业出口值降低0.99%，进口值下降0.71%。当然，进出口的改变将引起企业利润变化。受产品需求、要素供给的价格弹性和进出口价格的汇率弹性影响，汇率调整与企业盈利水平存在不确定的关系（王根蓓，2008）。其次，汇率波动与企业生存负相关，但是汇率绝对水平的高低不会对企业生存造成影响（杜江等，2013）。与进出口、盈利水平较为直接的作用不同，汇率对企业生产率的影响更加复杂，传导途径也更为复杂。

三、汇率变动与企业生产率

1. 汇率变动对企业生产率的影响

汇率变动对企业生产率的影响存在两种不同的理论，一种认为汇率升值可以通过竞争效应促进生产率提升，另一种则认为汇率贬值通过增加企业引致的规模效应来促进生产率提高。技术创新是企业生产率提高的动力之一，企业应用新技术早期将出现暂时的产量下降现象，Holmes 和 Schmitz

(2008)将这种成本称为转换成本,并且认为竞争可以降低这种转换成本,汇率升值将加速企业面临的竞争,从而使企业更倾向于新技术的应用,长期内生产率将获得提升。Tang(2009)认为汇率升值时,企业在面临竞争时将通过采用新技术来提高生产率,对1997~2006年加拿大汇率的研究发现,加元升值促进了劳动生产率的提高。采用中国台湾地区199家上市企业数据,Fung和Liu(2009)实证发现汇率贬值不仅提高了企业出口额,而且提高了内销额和工业增加值,从而汇率贬值带来的规模效应显著提高了企业生产率,同时他们发现汇率贬值对资本密集型企业的作用较小。Tomlin和Fung(2010)采用加拿大制造业企业数据并应用分位数回归方法,发现汇率升值降低了企业出口,同时导致进口竞争加剧,从而低效率企业退出市场,由于市场规模缩减,存活企业规模不经济导致生产率降低。研究期限差异可能是导致汇率变动对生产率影响结果不同的原因,Richard和Harris(2001)认为短期汇率贬值可以提高生产率,但是持续的汇率贬值对长期生产率产生负面影响,对加拿大的经验研究表明,1990年后加元兑美元持续贬值,通过三条途径造成加拿大对美国的相对生产率出现恶化:第一,汇率贬值增加了资本品的进口成本;第二,汇率贬值短期使企业价格竞争力提升,但是持续的贬值增加了企业引进新技术的费用,而长期内企业利润更多依赖新产品的开发和技术创新;第三,持续的汇率贬值降低了企业间的竞争,使那些生产率低的企业能够存活,从而抑制了企业以"创造性破坏"来提高生产率的意愿。Danny等(2005)发现汇率升值时企业资本劳动比例的调整不是单调的过程,短期汇率升值导致机械设备进口成本升高、资本劳动比例降低,但是长期内资本劳动比例趋于长期均衡,因而汇率变动对企业生产率的长期和短期效应不同。

许家云等(2015)、张德进和王洛林(2012)讨论了汇率变动对企业生产率的影响途径:①资本要素与劳动要素配置效应。汇率变化影响到进出口产品价格,企业根据利润最大化原则调整资本设备投资和最优劳动比,进而影响到企业生产率。②企业选择效应。汇率变动使企业的进出口风险加大,本国企业在国际市场上的竞争力更强,此时,低效率的企业退出出口市场，生产率高的企业进入或维持出口状态，企业整体生产率随之提升。③规模经济效应。人民币升值使得企业优胜劣汰，引致企业兼并重组，企业生产规模可能扩大，企业通过规模经济效应提高生产率。④人力资本提升效应。汇率升值可以提高工人整体福利，减少高素质劳动者的流动，稳定的就业环境有利于高素质劳动者和科研者对企业技术进步做出贡献，提高企业生产率。⑤新技术的转化成本。汇率升值可通过企业间的竞争降低发明新技术的转化成本，从而激励企业加大创新力度，提高生产率。汇率上升时价格的不完全传递也可以降低转化成本，刺激企业创新，提高生产率（姜波克，2007）。

张涛等（2015）从汇率升值的角度研究了企业生产率的变动机制。首先，汇率升值，进口产品价格变得相对便宜，会抢占一部分国内市场，国内企业规模下降的负面规模经济效应导致生产率下降。其次，汇率升值，出口产品价格变得相对昂贵，企业出口市场缩减引起的规模缩减降低了生产率。最后，汇率升值，不仅进口的中间品相对便宜，而且进口设备和技术价格也降低，前者降低了企业生产成本，后者增加了企业技术水平，两者共同提高了企业生产率。刘沁清（2007）将汇率影响企业生产率的微观机制划分为三个阶段。第一个阶段，当汇率小幅升值时，出口价格上升但不至于引起需求变化，因此，企业将获得"额外"的收益，同时通过"投资—技术进步"机制提高生产率，但提升速度较为缓慢。第二个阶段，当汇率中等幅度升值时，出口价格上升引起需求降低，为了维持国外市场需求，倒逼企业降低生产成本从而提高生产率，迫于竞争压力，这一阶段生产率提升速度较快。第三个阶段，当汇率升值超过一定幅度时，出口价格上升不能由生产成本下降抵消，需求降低导致生产要素利用率和企业生产率下降。

相对于从汇率影响企业生产率角度的研究，一些学者从企业生产率异质性的角度来研究企业行为对汇率的敏感性。他们认为，企业生产率是企业参与对外贸易的决定因素，只有生产率高的企业才会选择出口。黄静波和黄小兵（2011）证实了生产率是我国企业参与出口的因素之一，但是企业出口更多依赖企业规模和出口经验。面对汇率升值,生产率高的企业倾向于缩减生产规模,而生产率低的企业则选择降低出口商品价格(黄小兵,2011)。张欣和孙刚(2014)采用我国上市公司数据,实证检验了企业生产率与汇率变动的关系,他们发现企业生产率提高可以提升企业对汇率变动的承受能力,降低出口利润率的汇率弹性。随着开放程度的提升,我国企业面临更加激烈的竞争环境,低效率企业退出市场,高效率企业不断壮大。各个行业企业间不断整合,出现了一批集团企业,丰富的产品结构使其有能力化解汇率风险。人民币升值一方面通过提升高技术产品比重使出口结构"高端化";另一方面对中等技术产品冲击小于资源品,导致了出口结构"低端化"(张会清,2015)。人民币升值时,多产品企业会缩小产品范围,提高产品集中度(许家云等,2015)。陈婷(2015)通过对2000~2006年我国工业企业的研究,发现人民币升值使企业出口产品结构发生了变化,产品的赫芬达尔指数增加,从而促使企业更加专注于出口核心产品,生产率得到提升;反之,人民币贬值将扩大企业出口产品范围。同时这一现象与企业规模和生产率有关,生产率越高的企业其出口数量减少更明显(余森杰和王雅琦,2015)。生存分析表明,人民币升值延长了核心产品出口持续期,缩短了非核心产品出口持续期,长期来看,提高了企业竞争力(许家云等,2015)。

2. 汇率变动对企业生产率的影响存在不确定性

关于人民币升值对我国企业生产率影响的方向,研究者们还未得出定论。张涛等(2015)在控制市场结构后,认为人民币升值对我国企业生产率产生直接、显著的负向影响。许家云等(2015)实证发现人民币实际有效汇率每升值1个百分点,企业生产率约提高1.2个百分点,且对出口类型企业的促进作用更大。张会清和唐海燕(2012)以2002~2009年中国工业企业作为研究对象,发现人民币升值对出口企业的集约边际和扩张边际均产生负面影响,但由于企业经营策略差异,升值没能使企业形成优胜劣汰机制,不利于国内企业竞争力提升。余永定(2010)发现人民币升值压迫企业通过技术创新提高企业生产率。宗伟濠(2013)从行业层面分析,发现人民币汇率变动对生产率产生负面影响，但影响程度较小。

企业的异质性可能是导致汇率对我国企业生产率影响不确定性的原因之一。詹正华等（2015）认为外资企业抵抗汇率变动的能力更强，汇率对出口型企业的冲击要大于非出口型企业，规模较大的企业有充足的现金流来应对汇率风险，因而更不易受到汇率的影响。张涛等（2015）通过半参方法估计了2000~2006年我国企业生产率，结果发现汇率升值会显著提高出口企业的生产率，但同时会降低非出口企业的生产率。许家云等（2015）研究发现人民币升值对出口企业和非出口企业的要素配置作用方向相反。升值对来料加工贸易和一般贸易企业的影响为正，而对进料加工贸易的影响为负，升值促进了高技术企业生产率的提高，阻碍了低技术企业生产率的提高，升值不利于外资企业提高生产率，可以提高民营和国有企业生产率，但民营企业受到融资条件、政府关系的限制，从汇率升值中的获益相对较少。除了上述差异外，李宏彬等（2011）发现汇率升值冲击还与企业所处的地理位置有关，东部和南部沿海企业更易受到汇率的影响。

研究的期限选择是导致汇率对我国企业生产率影响不确定性的另一个原因。如果实际汇率升值是短期的，那么企业会通过缩减产品来调整，如果实际汇率升值是长期的，那么将迫使企业为了降低成本而提高生产率。姜波克和李天栋（2006）研究了汇率通过相对价格这一核心渠道如何来影响企业的微观行为，发现汇率升值的短期效应不利于经济增长，但是长期却可以促进经济增长。何暑子和范从来（2012）认为人民币升值短期会促使低效率企业减少或放弃研发活动，但长期来看，可以提升出口行业整体竞争力。卢之旺（2015）抽样了近1000家企业，发现如果汇率波动是短期行为，那么有50%的企业不会采取行动，但如果汇率波动持续期较长，那么80%的企业会通过调整产品结构、产品创新、提高生产技术水平等措施来应对。

3. 汇率波动与企业生产率

相较于汇率升值或贬值对企业行为影响的研究，从汇率波动角度的研究相对较少。这主要是因为自2005年汇改以来，人民币经历了长期的单边升值过程，无论学术上还是政策上，研究汇率升值或贬值更具现实意义。但从2014年开始，人民币出现了较大幅度的贬值，今后双向波动将成为"新常态"。任再萍和赵自兵（2010）综述了汇率波动对企业各方面的影响，汇率波动会通过交易风险、换算风险和经济风险影响企业价值，其中经济风险最为敏感，汇率波动通过替代效应和收入效应影响企业的进出口。卢之旺（2015）梳理了汇率波动对企业出口的价格传导机制：受到合同、定价权和市场份额的限制，汇率波动不能完全传递出口价格，此时企业需要根据自身情况选择最优的定价策略。成本加成定价策略可以维持单位产品的利润，却可能失去部分出口市场，销售地市场价格定价策略不影响产品的需要，但可能降低单位产品收入，另外，汇率波动具有时滞性，持续的波动将对企业造成更大的冲击。但很少有文献直接研究汇率波动与企业生产率间的关系。章贵桥（2014）发现人民币汇率波动通过成本黏性机制对企业现金流产生显著影响。詹正华等（2015）通过实证研究发现汇率波动对企业劳动生产率存在显著负面影响。

相比进出口，汇率对生产率的影响较为间接。生产率不仅包含技术进步，还包含了技术效率、规模效率、配置效率，因而汇率主要通过改变企业资源配置和技术创新来影响生产率。目前从总量层面和行业层面研究汇率波动对生产率的影响尚未得出定论，Tomlin（2009）认为汇率波动通过竞争机制可以提高生产率。但Zheng（2005）运用门限回归的方法估计了加拿大汇率波动与生产率的关系，结果发现汇率波动对生产率存在显著的负面影响。Aghion等（2009）构建了汇率波动对生产率的理论模型，通过对83个国家1960~2000年的面板数据进行研究，发现汇率波动对生产率的影响主要取决于一国的金融发展水平，那些金融发达的国家可以通过多种金融措施来缓解汇率波动的影响，因而汇率波动的影响不显著，但金融落后的国家生产率受汇率波动的影响却十分显著。Benhima（2008）从美元债务的角度得出了与Aghion等（2009）类似的结论。汇率波动将导致企业进出口风险加大，竞争力弱的企业退出出口市场，只有竞争力强的企业才能继续出口，一方面提高了整体生产率；另一方面资源将向高竞争力企业分配。Foste 等（1998）对美国制造业进行了研究，发现资源从低效率企业向高效率企业转移和企业的进入、退出机制是整体生产率提高的重要原因。从企业角度研究汇率波动对生产率影响的文献相对较少，Caglayan 和 Demir（2012）检验了汇率波动对土耳其制造业生产率的影响，发现汇率波动会对企业生产率造成负面影响。由于企业异质性特点和所处环境不同，其生产率受汇率波动的敏感性存在差异。Berman 等（2012）发现法国企业会采取不同的应对汇率波动的措施。企业参与外国股票交易市场能获得国际物资，并通过资本市场来应对汇率波动的风险，跨国企业的母公司可以为子公司提供资金支持以及更好的风险管理技术和经验（Caglayan & Demir，2012）。Aghion 等（2009）发现汇率波动对生产率的影响取决于一国的金融发展水平。

从上面的分析中可以发现，汇率波动对企业生产率影响的直接研究文献较少。因此，本书从进出口、汇率波动的非对称效应、外商直接投资和汇率波动风险四个角度综述汇率波动对企业生产率的影响机制。

（1）汇率波动与进出口。企业不能将汇率波动的价格完全传递，企业根据进出口的变动调整要素投入，进而引起生产率变化。张伯伟和田朔（2014）采用门限回归方法检验了人民币汇率波动的非对称效应：人民币贬值或小幅升值能促进进出口，但升值幅度过大将对进出口产生不利影响。谷宇和高铁梅（2007）分析表明汇率波动的长期和短期效果不同。长期内，汇率波动能扩大进口，降低出口，短期内，汇率波动对进出口造成负面影响。从区域层面看，东部地区受实际汇率变动的影响最大，西部地区次之，中部地区受汇率变动的影响最小（曹伟和左杨，2014）。从制造业行业层面看，人民币汇率波动对制造业各分类产品的影响均为负，短期内可以自我修正，但是由于产品属性不同，汇率波动对其影响的绝对水平存在较大差异（李腊生和高书丽，2012）。且劳动密集型行业的出口受汇率波动影响较大，资本密集型行业受到的影响较小（顾国达等，2007）。田朔等（2015）认为人民币汇率波动加大将导致企业出口商品种类减少。

企业的生产决策直接受到汇率及其波动的影响,从企业层面研究汇率波动的传导机制为解释总量层面的变动提供了依据。汇率波动直接影响到企业的进出口,Mehmet 等(2008)采用企业面板数据分析了汇率波动与企业进出口的关系,发现即使在考虑了企业规模和外贸活动后,汇率波动对企业进出口的影响仍不显著,原因可能是企业采用进口收入来降低其汇率风险。Dhasmana(2015)研究了 1995~2009 年实际汇率波动对法国多元化出口企业的影响,发现企业出口行为不仅受双边汇率波动的影响,而且受多边汇率波动的影响,同时企业规模和出口地数目会加剧汇率波动的影响,因此,出口地增多时,企业会优先出口于汇率稳定的国家来应对汇率风险。

(2) 汇率波动的非对称效应。汇率波动幅度对经济的影响并不是线性的。汇率波动时,企业采用不同的调价策略,进而引起汇率对出口价格的非对称传递,当汇率波动处在特定的频域时才能引起显著的传递效应(刘啟仁,2013)。通过门限回归模型,封福育(2010)发现当汇率波幅超过 1.26% 时,汇率与出口贸易的关系不显著,只有当波幅在 1.26% 以内,贬值才能增加出口。因此,汇率波动对企业的影响存在非对称效应。Demian 和 Mauro(2015)研究发现出口企业对汇率升值的反应更加敏感,但汇率贬值对企业的影响十分微弱。汇率升值时企业利润增加,此时企业有更多利润,因而将选择投资,但是汇率升值时,产品需求降低,已有的固定投资不能马上收回(Héricourt & Nedoncelle, 2015),设备利用率降低导致企业生产率下降。

(3) 汇率波动与外商直接投资。许多研究表明外商直接投资的技术溢出效应能够促进本国企业生产率的提高,而汇率波动则通过外商直接投资间接影响到企业生产率。刘敏(2013)对汇率波动与外商投资的关系进行了检验,发现两者的相关性较弱。通过区分汇率的长期和短期效应,邱立成和刘文军(2006)发现外商直接投资虽然受短期汇率波动的影响较小,但长期汇率波动可显著影响到外商直接投资的流入。王自锋(2009)认为人民币汇率波动对出口导向型 FDI 的影响远大于市场导向型 FDI。投资是提高企业生产率的重要手段，Kandilov 和 Leblebicioğlu（2011）构建了汇率波动与企业投资决策模型，对哥伦比亚制造业的经验分析表明汇率波动对企业投资存在负面影响。企业利润反映了企业的市场影响力，充足的利润可以吸收汇率波动的风险从而缓解对投资的负面影响，同时，企业出口依存度和中间品进口依存度也会缓解汇率波动的负面影响。Nucci 和 Pozzolo（2001）认为汇率贬值会通过收入渠道对投资产生正面影响，通过成本渠道对投资产生负面影响，但整体效应因出口地和企业进口中间品的不同而存在差异。在对外贸易中，出口和对外直接投资是两种主要形式，出口价格对汇率波动的敏感性较高，但是对外直接投资却可以弱化汇率波动对产品需求市场的影响。Lin 等（2010）在 Dixit-Pindyck's 模型基础上构建了分析汇率波动与企业择机 FDI 的关系，他们将 FDI 划分为市场寻求型 FDI 和出口替代型 FDI，汇率波动会加大市场寻求型 FDI 的利润风险，从而推迟这类 FDI，但可以降低出口替代型 FDI 的利润风险，加速这类 FDI。

（4）汇率波动的风险。企业在对外贸易中面临着因汇率变动带来的损失，一般来说，汇率波动幅度加大导致企业进出口的不确定性增加，企业只有对汇率波动风险做出合理的预测，才能将风险降到最低，才有足够的资本进行研发投入，提高生产率。张海波和陈红（2012）采用 VaR 模型测量了人民币汇率波动风险，发现人民币兑美元汇率风险随着持有期的增加、置信度的扩大而增大，不同风险承担主体根据自身情况选择置信度。汇率波动提高了边际消费效用，但是降低了资产的价格和收益率，加大了企业资产的风险（吴贾等，2014）。汇率波动会使风险规避型进出口企业面临更高的风险，同时外贸利润的不确定性增加，因此，这些企业会缩减其贸易规模，贸易规模的缩减将导致企业的劳动需求降低。Dhasmana（2015）发现当汇率波动增加时，出口企业劳动需求的变化显著大于非出口企业，且劳动需求对汇率波动的敏感性是非线性的。Demir（2010）对 1983~2005 年土耳其制造业企业就业受汇率波动的影响进行了经验研究，发现汇率波动加剧会显著抑制制造业就业，采用不同的指标、估计方法后发现结果十分稳健。

第二节 融资约束与企业生产率的研究现状

一、企业融资约束状况

融资约束对企业生存与发展至关重要，企业生产率提升依靠投资和研发试验投入，在没有融资约束的情况下，所有企业都可以按照自身需求获得投资，但存在融资约束时，企业无法获得最优投资，阻碍了生产率的提高。那些受到信贷配给限制不能从银行等金融机构筹资的企业只有依靠内部资金，这限制了企业的投资决策从而对生产率产生负面影响（Chen & Guariglia，2013）。Clementi 和 Hopenhayn（2002）建立了信息不对称情况下多时期借贷关系模型，发现最优长期借款合同导致了融资约束的出现，而企业现金流增加能够缓解企业面临的融资约束，进一步的实证结果表明，企业年龄与规模、企业成长的稳定性特征与融资约束存在负相关关系。

据世界银行报告，融资约束已经成为我国非金融企业发展的主要障碍。融资约束分为内源融资约束和外源融资约束，内源融资约束主要是指企业自身的内部流动性限制所带来的融资困难，外源融资约束主要指企业难以从银行获取贷款、不能发行股票或债券等带来的融资约束问题（孙灵燕和李荣林，2011）。沈红波等（2010）发现我国上市公司存在明显的融资约束，金融发展程度高的地区面临的融资约束较少，民营企业比国有企业受到更多的融资约束。融资约束会对企业的进出口、绩效、R&D、生产率等产生影响。企业参与出口市场必须支付一定数量的沉没成本，但存在融资约束时，企业不能完全筹集到该资金，因此制约了企业出口参与度（于洪霞等，2011；蒋为和顾凌骏，2014），并且外源性融资约束为主要制约因素（孙灵燕和李荣林，2011）。阳佳余（2012）认为融资约束的改善可以扩大出口规模。融资约束与企业业绩存在内生性问题，即融资约束会降低企业业绩，而企业业绩提高会降低其融资约束。李科和徐龙炳（2011）利用短期融资券作为工具变量解决了此内生问题后，发现融资约束的改善确实可以提高经营业绩。我国企业 R&D 融资渠道主要包括注册资本、现金流和商业信用，其中商业信用最为重要，而融资约束会对企业 R&D 产生负面影响（张杰等，2010）。

二、融资约束对企业生产率的影响

1. 融资约束阻碍企业生产率进步

项松林和魏浩（2014）从理论上推导出企业生产率与融资约束间的关系，流动性约束使企业创新受到限制，不利于生产率的持续提高，且其实证结果表明内源性融资是企业提高生产率水平的重要途径，外源性融资不会引起生产率变动，但是内源性融资与外源性融资的交互作用能显著提高企业生产率。任曙明和吕镯（2014）考察了我国装备制造业的融资约束状况，由于装备制造业投资成本高，研发活动往往具有收益不确定性、风险大和见效期长等特点，很难获得银行贷款，因此，主要依靠企业内部资金，很容易受到流动性约束，但是，政府补贴却可以对企业的融资约束起到平滑作用，最终使我国装备制造业生产率在 1999~2007 年获得平稳提升。赵春明等（2015）发现，无论出口企业还是非出口企业，外源性融资约束都对其生产率产生负面影响。与大多数研究不同，邓可斌和林映丹（2015）通过构建企业研发投资生产模型，推导出了融资约束与生产率可能存在促进关系、制约关系和 U 型关系三种关系，决定因素在于企业创新带来的生产率提高是否可以抵消融资约束的负面影响，当融资约束较小时，融资约束会激励企业提高生产率，但是当超过一定门限时，融资约束反而会抑制企业创新投入，且实证结果表明融资约束会促进我国企业生产率提升。

当然，融资约束还与企业异质性有关，民营企业比国有企业更易受到融资约束（孙灵燕和李荣林，2011；阳佳余，2012）。邓可斌和曾海舰（2014）总结了我国企业融资的特征：①企业规模越小，所受融资约束越严重。②融资约束与超额收益率显著正相关。③融资约束导致企业特质风险增加。④融资约束促使企业生产率提高。Minetti 和 Zhu（2011）采用意大利制造业企业数据研究了信贷配给对企业出口的影响，发现在控制了企业生产率和其他相关特征后，受到信贷约束的企业参与出口的概率下降了 39%，进而导致国外销售额下降了 38%，同时，信贷约束还抑制了国内销售，另外，在考虑企业类型后，信贷约束对高技术行业和高度依赖外部融资行业的出口影响最大。Fan 等（2015）通过在 Melitz（2003）异质性企业模型基础上引入内生产品质量、融资约束和市场成本来研究融资约束与出口产品价格的关系，发现如果产品质量是异质的，那么融资约束导致企业出口产品价格低于其最优价格，如果产品质量是同质的，那么融资约束导致出口产品价格上升。方宇惟等（2014）分析了融资约束对不同所有制企业成长的作用途径，发现国有企业具有较高的负债能力，因而较少受到融资约束，集体企业和私营企业在生命周期早期依靠较高的内部现金流来缓解融资约束，但长期来看，外源性融资约束限制了企业成长，外资企业的现金流和负债比较稳定，同时还受到母公司的资金和技术支持，因而不易受到内源性融资约束，除此之外，外资企业一般会受到政府的支持，更易获得贷款。何光辉和杨咸月（2012）采用 GMM 估计法解决内生性问题后，发现内源性融资约束并不会对我国全样本上市公司生产率造成影响，但民营企业生产率会受制于内源性融资约束。贺聪和尤瑞章（2008）发现，由于受到内源性融资约束的影响，民营企业对国有企业和外资企业的技术效率优势在不断减弱。李思飞和靳来群（2015）发现内源性融资约束制约了我国工业企业生产率，而外源性融资约束只对民营企业生产率存在负面影响，对国有企业生产率影响不显著。外资企业也不会受到外源性融资约束（赵春明等，2015）。

2. 融资约束对企业生产率的影响途径

进行研发投入和创新是企业生产率提高的主要途径之一，而只有具备充足资金的企业才能承担研发费用，另外，在区域技术溢出效用中，企业从模仿到创新也需要资金支持。企业单纯依靠自身现金流很难满足该资金量，因而，如果金融机构能够对流动性不足的企业提供支持，则可以促进企业生产率提升。顾群和翟淑萍（2014）发现企业的研发投入存在现金流敏感性，且探索式创新企业研发投入的现金流敏感性要大于开发式创新企业，探索式企业需要更多的内源融资，开发式企业创新主要依靠外源性融资，因此，探索式创新企业更易受到融资约束。罗长远和季心宇（2015）发现企业在面临融资约束时，不能同时兼顾出口和创新，出口将导致对研发投入的"挤出"效应，从而抑制生产率提高。康志勇（2013）证实了融资约束抑制了企业的研发活动，但是政府可以通过直接支持和间接支持方式缓解融资约束对研发创新的负面效果。首先，政治关联存在寻租行为，分散了企业大量精力；其次，政治关联可能导致企业产生惰性；最后，政治关联企业的决策受政府官员偏好的限制。因此，政治关联不利于企业的研发投入和创新活动，强化了融资约束的负面影响（谢家智等，2014）。

由于存在信息不对称和缺少担保，相比其他资本投资，R&D 投入对融资约束更为敏感，但关于 R&D 投入是否受到融资约束还存在争议，Brown 等（2015）认为外部股权投资和企业现金储备可以平滑 R&D 投入的融资约束，在没有排除两者干扰时，他们对欧洲企业的实证表明 R&D 投入不存在融资约束，但是当他们控制外部股权融资和现金储备的影响后，R&D 投入的融资约束变得十分显著。Czarnitzki 和 Hottenrott（2008）认为企业的 R&D 投入可以当作知识创造投资，R&D 投资不仅有投入高、沉没成本高、担保价值较低等特点，而且应用时还有调整成本，这导致 R&D 融资比资本投资更加困难。另外，R&D 投资获得的知识创造过程具有正的外部性，投资回报存在不确定性，因此，当企业融资成本较高或者融资困难时，R&D 投入是企业的次优选择，通过对企业层面的实证研究，他们发现内部融资约束对 R&D 影响更大，而外部融资约束和企业规模成反比。通过对德国企业的研究，Harhoff（1996）发现小企业的 R&D 投入和资本投资对现金流十分敏感，因而小企业更易受到融资约束。Antony 等（2012）研究了融资约束状况下企业异质性、R&D 和创新间的关系，发现小企业比大企业的创新能力更强，但是面临更多的融资约束。

购买先进技术设备是提高企业生产率的另一条途径。杨晓云（2013）从资本品进口角度考察了融资约束与企业生产率的关系，融资约束低的企业更倾向于从发达国家进口资本品，因而减缓融资约束有利于企业对先进技术设备的进口，提高生产率。

三、缓解企业融资约束的途径

1. 金融发展途径

金融发展对经济增长至关重要，金融发展可以通过提高生产率来促进经济增长。金融市场可以为技术创新投资提供支持，从而提高生产率和促进经济增长（King & Levine，1993）。沈红波等（2010）认为金融发展也能缓解企业融资约束。Aghion 等（2010）从企业投资决策角度来考虑金融的作用，他们认为金融支持企业投资新项目和资本积累，进而使资源配置更加有效。Gatti 和 Love（2008）试图从微观角度来解释信用发展影响经济增长的机制，发现信用对企业生产率存在显著的影响，信用发展使企业更易融到投资所需的资金，从而提高企业生产率，同时企业生产率提升促进经济增长。Ciaian 等（2011）研究了中欧和东欧地区转型国家融资约束对农场投入配置、农场效率的影响机制，发现农场间投入的信贷约束是非对称的，信贷约束的缓解可以有效提高农场的产出，但是对规模的影响不显著。以意大利制造业企业为例，Ganau（2016）探讨了信贷约束与企业生产率的关系，发现信贷约束对企业生产率产生负面影响，但是，产业集聚效应减少了企业投资对现金流的敏感性，缓和了信贷约束对企业生产率的负面效应，并且在地方银行密集的地区，该缓和作用更大。

完善的信用市场通过降低投资的流动性风险使企业倾向于进行长期研发投资，提高生产率（Aghion et al.，2005）。金融摩擦会妨碍研发投资，进而对生产率产生负面影响。Ayyagari 等（2007）认为外源性融资可以促进企业创新。以爱沙尼亚为例，Badia 和 Slootmaekers（2009）研究了融资约束与企业生产率的关系，爱沙尼亚经历了两次外来资金催生的信贷增长过程，但是信贷增长对各产业部门的效果存在差异，其中金融部门和实际产业从中获益最多，仍然有60%的企业技术创新投入存在融资约束状况，这为对比研究融资约束对生产率的影响提供了自然实验。研究结果表明，年轻企业和负债率高的企业更容易受到融资约束，外资企业不易受到融资约束，同时大量企业都存在一定的融资约束，尤其是第一产业中的企业。但是对于大多数产业，融资约束对生产率的影响并不显著：首先，当面对快速信贷增长时，放贷者很难将资金分配给生产率最高的企业，生产率较低的企业也能够获得融资，因而快速增长的信贷降低了投资质量，并没有获得资金最优配置时预期的生产率。其次，高流动性降低了股东对职业经理人的监督，这将阻碍资源有效配置，降低生产率。再次，职业经理人可能为了自身利益最大化而过度投资，损害公司利益，导致生产率下降。最后，融资可以通过扩大企业规模来提高企业产能，而非必须提高生产率。这些原因导致了不受融资约束的企业生产率没有显著高于受融资约束的企业。

2. 政企关联途径

在面对融资约束时，企业可以通过出口（周世民等，2013）、企业间关系（盛丹和王永进，2014）、金融关联（邓建平和曾勇，2011）、银企关系（张晓玫等，2013）等途径来缓解。同时，还应该加快我国金融发展（饶华春，2009）、增加政府补贴（任曙明和吕镯，2014），促进我国企业生产率不断提高。在面对融资约束时，Ferrando 和 Mulier（2013）认为产品线的相互依赖为企业提供了企业间信用的非机构渠道来缓解融资约束的负面影响。Erel 等（2013）通过对英国并购企业样本的研究，发现企业并购重组后降低了现金流的敏感性和投资对现金流的敏感性，增加了投资，从而企业的融资约束得到缓解。Brancati（2014）发现企业存在融资约束时可以通过关系借贷来筹集投资所需资金。Linck 和 Tao（2013）认为具有较高价值项目的融资约束企业可以利用操控性应计利润来获得投资人对企业前景的信任，从而筹集到资金。此外，企业还可以成立互助担保联盟来应对融资约束（Ughetto & Vezzulli, 2011）。于蔚等（2012）认为政治关联有利于民营企业的资源获取，同时使资金供求双方信息更加透明，从而缓解企业的融资约束问题。

第三节 汇率、融资约束与企业行为研究现状

汇率波动、融资约束与企业行为三者存在相互联系。汇率会对企业行为产生影响，此时，如果企业有足够的流动性资金来应对汇率风险，则可能会缓解汇率波动对企业的冲击。张欣（2014）通过面板门限模型，检验了融资约束视角下出口企业对汇率的承受能力，发现汇率升值对受融资约束企业的出口利润产生显著的负面影响，但是对于没有融资约束的企业，其出口利润并不会受到汇率变动的影响，非融资约束企业对汇率波动的承受力更强。赵建春和许家云（2015）发现汇率波动会引起企业风险承受能力变动，但是在面对汇率升值引起的汇率风险升高时，低融资约束企业风险敏感性显著小于高融资约束企业，这是因为低融资约束企业更易从外部渠道获得出口所需的大量资金，进而减缓汇率升值的冲击；相反，高融资约束企业无法通过融资来应对汇率冲击。许家云和毛其淋（2016）发现人民币升值显著降低了出口企业的加成率，且随着企业融资约束的增强而增强。许家云、佟家栋和毛其淋（2015）认为人民币升值可以提升企业出口产品质量，但显著抑制了高融资约束企业出口产品质量的提升。许家云等（2015）发现企业融资能力是人民币汇率影响企业生产率的制约因素，企业所受融资约束越小，人民币汇率升值越有利于其生产率提高。出口企业为了开拓海外市场，除了需要支付运费、关税等变动成本外，还需要承担市场调查、生产网络构建与维护等固定成本。另外，出口贸易收益具有一定的时间滞后性，并不能马上实现，此时，汇率的较小波动可能会引起企

业出口的改变。因此，出口企业更依赖银行等金融机构提供的外部融资来满足其流动性需要，融资能力成为出口企业对汇率变动承受能力的关键因素（张伯伟等，2015）。

资本品具有较高的技术复杂度，进口外国先进技术水平的资本品是企业提高生产效率的途径之一。杨光等（2015）构建了融资约束状况下的汇率与企业进口决策模型，区分了进口中间品和资本品对融资约束的敏感性，由于进口中间品所需资金较少，且成本能够快速收回，因而所受融资约束的边际影响很小；相反，进口资本品需要支付较大数目的资金，且成本回收期较长，其对融资约束的敏感性更强，同时，汇率变动会提高进口资本品融资约束的敏感性，但对中间品的作用并不显著。汇率波动会减少平均投资水平，且存在融资约束时更加明显，对于发展中国家，企业信贷需求旺盛，但信贷配给受到信贷上限的约束，因而信贷约束限制了高投资需求企业的扩张（Aizenman & Marion，1999）。向训勇和陈飞翔（2015）解释了融资约束企业出口数量的汇率敏感性更强的原因，即企业受到融资约束会对其定价策略产生影响，受融资约束程度越高的企业，其定价能力越弱，在汇率变动时不能把汇率波动引起的成本变动传递给消费者，只能降低出口水平。

汇率波动对企业的影响与信贷发展水平密切相关，金融发展水平在降低汇率波动对生产率冲击方面具有重要作用。张伯伟等（2015）归纳了金融市场缓解汇率变动对企业影响的机制，一方面，金融市场的发展可以为企业提供转移汇率风险的金融产品；另一方面，金融市场可以为出口企业提供更多融资渠道来应对汇率变动。Héricourt 和 Poncet（2013）认为金融发展可以降低外部融资成本，缓解融资约束，从而降低汇率波动的负面影响。Aghion 和 Rogoff（2009）认为汇率波动会降低企业盈利水平，此时企业需要依靠外部融资来进行技术创新投资，如果企业外源融资成本过高，则会抑制企业技术进步和生产率提高；反之，企业生产率受汇率波动的影响程度更小。

Benhima（2012）从债务美元化的角度来考虑汇率波动对生产率的影

响,他们的实证结果表明,美元化程度越高,汇率波动对生产率增长的负面影响程度越高。然而,当汇率波动与国内金融市场不健全并存时,企业在国内融资困难时,可以通过对外借债和进入外国股权市场来维持其竞争力。Demir(2013)认为进入外国股权市场可以使企业更好地获得国际货物和资本市场,为母公司提供资金支持、更好的风险管理和知识产权等,从而有能力应对汇率冲击。Héricourt 和 Poncet(2013)分析了融资约束状况下汇率波动对企业出口的影响,研究发现汇率波动加剧不仅降低了企业参与出口决策,而且降低了出口总值,同时,这些影响对财务脆弱的公司更加明显,但是在金融发达程度高的市场,企业可以通过对冲、套期保值等方式回避汇率风险,从而减缓汇率波动对出口的影响。Di 和 Tuesday(2008)认为市场刚性和汇率风险并存阻碍了企业出口,企业需要调整其最优的产品产量和定价来对应,最终导致低效率企业在国内市场生产,中等效率企业出口但仅有本币定价权,高效率企业出口且具有外币定价权;当金融市场不完善时,汇率波动减弱可以提高企业利润,增加出口,但是当金融市场健全时,企业完全不受汇率波动的影响。

总之,生产率在经济发展中的作用已得到国内外学者的认可,早期研究主要从宏观层面解析生产率对经济的贡献,或从行业、地区层面解释生产率的差异,但由于总量经济是由异质性的微观经济体构成的,总量生产率并不是微观层面生产率的简单加总,因此,从总量层面研究生产率偏差较大。企业数据的可获性使得学者可以从微观层面来解释宏观生产率的变动,为此,生产率的计算方法也在不断演进,从最初的指数方法到计量方法、非参数方法,再到为了解决计算企业生产率时出现的同时性偏差和选择性偏差而提出的动态面板方法和结构估计方法。对企业来说,生产率是指排除劳动投入、资本投入和中间投入对产出贡献后的剩余部分,一般指技术进步,但企业资本设备的利用率、企业规模效应等都会引起生产率的变动。目前,国内外学者主要从企业内部抉择和外部环境两方面来解释生产率的变动。一方面,企业会根据利润最大化原则分配劳动、资本投入比例进行技术创新投入;另一方面,政府政策的变化、宏观经济变动、对外贸易等外部环境也会通过竞争机制间接引起企业要素配置变动和技术创新投入，进而引起企业生产率变动，甚至会导致企业退出生产市场。

汇率及其波动是影响企业生产率的重要外部环境，对于出口企业而言更是如此，汇率升值引起企业出口产品需求降低，由于设备投资短期无法收回，设备利用率降低导致生产率下降。但是长期内企业间竞争加剧，企业会加大技术创新投资来提高生产率。同时，汇率升值还会引起进口设备的成本升高，阻碍企业通过采用外国先进技术设备提高生产率。汇率波动同时增加了出口企业的变动成本和沉没成本，对企业技术创新投入产生影响。然而，如果金融市场完善，不存在融资约束，那么企业可以利用对冲和套期保值方式来规避汇率波动的风险，减缓汇率波动对生产率的负面影响，而融资约束会限制企业研发创新投资，阻碍生产率提升。

汇率波动同样会对企业生产率产生影响。目前文献关于汇率升值、贬值对企业生产率影响的研究较为全面，张德进和王洛林（2012）、许家云等（2015）总结了汇率变动对企业生产率影响的途径。但是，汇率波动对企业生产率影响的研究偏少，詹正华等（2015）直接研究了汇率波动与企业生产率的关系，Caglayan 和 Demir（2012）发现汇率波动对土耳其制造业企业生产率产生负面影响。但是汇率波动对企业生产率影响的传导机制仍不清楚，Aghion 等（2009）虽然建立了汇率波动与宏观层面生产率的理论模型，但企业生产率变动不仅是产出增加，还涉及技术进步、规模经济等，因而更加复杂。

汇率波动对企业进出口和产品价格产生直接影响，但是汇率波动对企业生产率的影响是间接的，汇率波动首先影响到企业进出口，其次企业根据进出口调整劳动和资本配置进而使生产率发生改变，或者汇率波动通过影响企业研发投入和引起先进技术设备来间接影响生产率，这也成为该研究的困难之一。另外，汇率波动对企业生产率影响的短期和长期效果不同，短期的汇率波动，企业只能通过调整产量来应对，如果汇率波动是长期行为，则企业可以通过调整投资来应对，然而已有文献中很少对此区分。金融市场发展为企业提供了缓解汇率风险的手段,许多研究表明,汇率波动对企业行为的影响与融资约束有关,如果不存在融资约束,那么汇率波动对企业出口、投资等影响很小甚至没有影响,但很少有文献讨论融资约束是否可以缓解汇率波动对企业生产率的影响。

汇率波动、融资约束对企业生产率的影响机理分析

第一节 汇率波动对企业生产率的影响

汇率是企业生产经营中的重要外部环境，汇率波动会对企业生产率产生冲击。如图 3-1 所示，首先，汇率波动增大使企业技术投资获益的不确定性增加，导致企业技术投资决策发生改变，从而影响到企业的技术进步。其次，汇率波动会引起企业组织构架发生调整，从而影响到企业的技术效率。最后，汇率波动引起企业产品的需求发生改变，导致企业核心产品比例发生变动，进而对企业配置效率和规模效率产生影响。整体上看，汇率波动会对企业全要素生产率造成负面影响，下面从理论上对其进行详细分析。

一、汇率波动对企业技术进步的影响

汇率已经成为企业生产经营中面临的重要市场风险，汇改后人民币开始了徘徊升值的过程，这一期间，人民币升值对企业造成了持续冲击，虽然人民币也存在贬值的风险，但是相对较小。汇率风险指在对外贸易经济

第三章 汇率波动、融资约束对企业生产率的影响机理分析

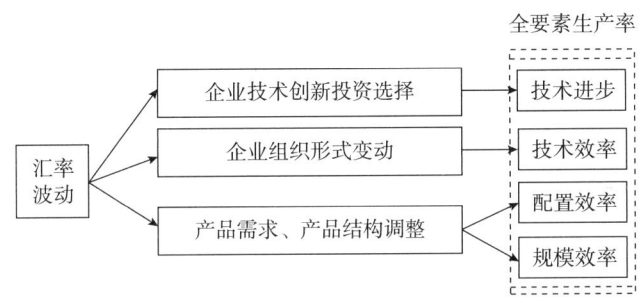

图 3-1 汇率波动对企业生产率的影响

资料来源：根据相关资料整理。

活动中，因汇率波动造成损失的可能性，主要包括交易风险、折算风险和经营风险。金雪军和陈雪（2011）认为人民币兑美元汇率风险溢价波动在 2007 年 9 月至 2008 年 8 月和 2010 年 7~10 月处于高波动状态。吴武清、陈敏和毛志杰（2008）认为汇率风险的增加会降低出口贸易的增速。2014 年，我国经济增速放缓，国际投资者对我国经济增长预期降低，人民币单向升值的趋势发生了改变，单年贬值幅度达 2.4%，这是汇改后首次年度贬值。特朗普当选美国总统后，人民币兑美元汇率出现大幅贬值。未来人民币双向波动幅度会继续增大，双向波动成为"新常态"，企业在进行投资决策时不仅要考虑升值风险，还要考虑贬值风险，企业外汇避险策略面临新的考验。当存在汇率波动冲击时，企业出口收益将面临不确定性风险，技术创新获得的收益在补偿汇率风险后必须大于投资，企业才会选择技术创新。因此，企业在投资决策时必须考虑汇率风险。

技术进步是企业提高生产率的最为重要的途径，狭义的生产率是指技术进步。在国际贸易中，企业不仅面临国内企业的竞争，还要参与国际竞争，因而需要技术创新驱动来维持竞争力。为了实现技术创新，企业需要支付一定的研发与试验投资，Czarnitzki 和 Hottenrott（2008）认为研发与试验投资具有投入大、沉没成本高、担保价值较低、应用时还有需要调整成本的特点，另外，研发与试验投资获得的知识创造过程具有正的外部性，

投资回报存在不确定性，因而企业在做投资决策时，必须充分考虑研发与试验投资的成本和带来的收益，只有投资回报大于成本时，才选择技术创新。Bustos（2007）提出了技术升级模型，指出企业可以通过支付一定固定成本获得新的生产技术，从而降低边际生产成本。只有企业采用新技术后由于边际成本下降所带来的收益大于投资时，企业才会选择进行技术创新。该模型反映了企业进行提高生产率决策的过程，但是却没有考虑到企业在经营中所面临的市场环境。企业进行技术创新的投资可以认为是沉没成本、是固定支出。然而，企业采用新技术后所带来的效应是不可控的，不论是垄断企业，还是垄断竞争企业或完全竞争企业，其产品需求都可能受到市场环境的影响。采用新技术后，企业每单位产品的成本降低，因而产品销售量增加，企业从生产率提高中获益也增加，如果产品销售量低于临界值，则企业技术创新投资将产生亏损。

我国工业企业数量较多，2013年工业企业数量达30多万家，工业行业的垄断性较低，除了烟草制造业等少数由国家管控的行业外，其他行业内企业竞争充分，因而可以认为是完全竞争的。这表明企业是价格的接受者，企业根据既定的需求来决定产品的产量。当汇率变动时，对于出口企业来说，以外币表示的产品价格也随之变动。例如，当人民币升值时，以外币表示的价格将上升，如果需求弹性很大，那么将导致需求大幅下降，企业盈利水平降低。当人民币贬值时，以外币表示的价格下降，此时，产品的国外需求升高，导致企业扩大销售，获利增大。当然，随着金融市场的发展及各种金融衍生品的推出，如果企业预期汇率变动是长期行为，则可以通过期权等金融工具进行套利，从而锁定利润。另外，如果汇率波动频繁，同样会导致企业改变产品产量。首先，汇率波动时，其贬值和升值导致的正向效应和负向效应无法完全冲抵。其次，汇率波动可以认为是一种市场风险，风险上升将影响企业生产与投资决策。最后，即使企业可以通过金融市场套利来弱化汇率风险，但是应对频繁的汇率波动仍将浪费企业大量精力与成本。

出口企业产品产量直接受到汇率波动的影响，非出口企业主要面临国内需求市场,因而受汇率波动的影响程度较小,但是随着全球贸易一体化进程的加快,非出口企业与出口企业间的关系越来越紧密,非出口企业也会受到汇率的影响,当汇率波动时,非出口企业也难独善其身。一般来说,工业企业生产过程的原材料、中间投入品和能源等均从世界范围采购,企业的生产成本受国外市场的影响十分显著,如国际原油价格上涨将导致能源价格上升,进而提高企业生产成本。我国一直是铁矿石进口大国,铁矿石价格上涨直接导致钢材价格上升,而钢材是很多企业的原材料或中间投入品,进而影响到企业产品的生产成本。从消费的角度看,当人民币升值时,以人民币表示的外国产品价格降低,需求上升,这将会对国内生产类似产品的非出口企业造成冲击,致使其产品需求降低。相反,当人民币贬值时,人们将消费国内产品替代国外产品。因此,即使是非出口企业,也将受到汇率波动的影响。

二、汇率波动对企业技术效率的影响

企业的组织管理形式是影响企业技术效率的重要因素,不同的管理层级和管理者的管理范围都会引起企业管理效率的变化,进而对技术效率产生影响。Caliendo(2011)认为贸易自由化促进出口企业扩大管理层级、分散决策,这一组织形式的改变提高了出口企业的平均生产率。生产需要组织,为了生产,企业需要聘请管理人员,组织投入,解决生产中出现的问题,以及进行未来的规划和其他企业决策任务。因此,一个企业的生产率取决于其生产组织形式,企业会根据其生产规模来决定聘请的管理者数量。企业生产需要劳动者和知识,劳动者负责生产,当在生产过程中遇到困难时需要专业知识来解决。直接对劳动者进行专业知识培训花费的成本较高,但如果采用层级制度,劳动者只负责一般生产活动,层级管理者通过学习专业知识来解决"特殊问题",这样会减少一定的成本。对于大型企业而言,单层组织结构可能不够,需要采取更高的层级结构才能使效率提高,这种情况下,企业的最高领导者需要对各层级管理者的职责进行划分，以使效率最大化。当然，增加一个层级需要支付给管理者非生产性费用，同时，可以降低生产的边际成本，因此，只有当企业产量很高时，增加层级才是有利的。

市场需求与企业生产率存在密切联系，当产品需求增大时，企业除了可以通过增加新的工厂、开发新技术来扩大产量外，还可以通过增加企业管理层级等方式来扩大产量。汇率波动会增加企业出口风险、提高出口成本，大幅的汇率波动将导致企业退出出口市场，在国内需求市场一定的情况下，企业面临的总需求也会降低。多层级的企业组织形式虽然具有较低的边际成本，但固定成本较高，因此，需求降低导致企业的产量下降，边际成本降低带来的收益不能补偿支付管理者的费用，企业不得不降低企业组织形式的层级，这将对企业的技术效率造成负面影响。

企业组织形式的另一个重要特征是管理层级是离散的（Caliendo，2011），因而汇率波动通过降低需求影响企业管理层级将受到约束。对于企业来说，在某一特定的管理层级情况下，当其生产处于最小规模效率下方时，当需求增大时，企业只需要扩大生产就可以提高生产效率，只有需求增大到一定程度，企业才会选择增加企业管理层级。当企业生产处于最小规模效率上方时，当需求增大时，如果企业不增加管理层级，将导致技术效率下降。反之，当汇率波动导致出口需求降低时，如果生产处于最小规模效率下方，企业会立即选择减少管理层级，如果生产处于最小规模效率上方，那么企业首先选择缩减生产规模，只有当需求降低超过一定程度时，企业才选择减少管理层级。

三、汇率波动对企业配置效率和规模效率的影响

1. 汇率波动对产品需求的影响

除了技术进步因素外，汇率波动还会影响到企业的配置效率和规模效率。生产需要资本投入和劳动投入，在技术水平一定时，只有充分发挥企业的资本和劳动生产能力，才能使企业获得最大的配置效率。然而，在企

第三章　汇率波动、融资约束对企业生产率的影响机理分析

业实际生产过程中，由于需求变动等原因，资本和劳动的配置效率很难长时间处于最优水平。例如，在经济周期扩张阶段，市场需求旺盛，企业需要进行投资来扩大规模。由于资本设备投资期限较长，不能立刻使资本和劳动的配置处于最优水平。在经济周期收缩阶段，市场需求不足，资本设备变现困难，导致资本设备利用率低下，配置效率下降。与资本要素相比，劳动要素的调整较为灵活，但是由于存在劳动合同限制，当需求变动时也不能立刻调整，进而对配置效率产生影响。

汇率波动是市场需求的重要影响因素之一。人民币升值将导致企业出口市场需求降低；反之，人民币贬值时出口市场需求上升，如果企业预期汇率升值或贬值是长期行为，则企业会根据这一新的要素比例进行生产。由于存在汇率波动风险，企业首先预期长期汇率期望值，其次确定投入要素比例，当汇率短期偏离均值时，企业并不会调整要素投入比例，因而汇率波动对配置效率产生负面影响。根据第三章第一节的模型可知，汇率波动作为企业的风险贴水，同样会引起产量的变动，汇率波动的幅度越大，产量缩减越多，进而影响到企业的资本和劳动利用效率。

规模效率指在制度水平和管理水平一定时，企业现有规模与其最优规模的距离。长期内，企业会通过调整企业规模使生产成本最低，而汇率波动会妨碍企业达到最优规模的状态。对于完全竞争市场，当汇率贬值时，企业出口市场需求变大，然而，短期内企业不能增加固定资产投资，只有通过调整可变投入来扩大生产。由于存在边际产出递减效应，可变投入的效率降低，企业的规模效率下降，导致在技术水平一定的情况下，企业生产能力无法充分利用，生产率下降。如果企业能够预期汇率贬值是长期行为，那么可以通过扩大固定资产投资使企业长期处于最优规模。然而，由于存在汇率波动，企业不能判断汇率贬值是否为长期行为，出于规避风险的考虑，企业不愿扩大规模，因此，可能选择采用增加可变投入的方法来忍受较低的规模效率。当汇率升值时，企业出口需求下降，短期内企业通过缩减产品产量的方式应对，固定投资无法撤回（即使企业预期汇率升值是长期行为，已投资的固定项目也很难缩减），使设备利用率下降，进而

造成生产率下降。总之,汇率波动使企业规模很难处于最优水平,规模效率下降引起企业生产率降低。

2. 汇率波动对产品结构的影响

企业最初只生产单一的产品,随着企业实力的壮大,技术不断进步,单一产品已经不能满足企业的发展要求,为此,企业倾向于多元化生产模式。多样化产品结构可以扩大企业发展空间、完善企业产品生产结构,有利于企业的全面发展。但是企业生产不同产品的效率并不完全相同,一般来说,多产品企业核心产品的生产率最高,各非核心产品的生产率随着离核心产品的生产距离的增加逐渐降低。企业整体生产率由核心产品和各非核心产品的生产率和比例结构确定,而汇率波动会引起多产品企业产品结构发生变化,进而影响到企业整体生产率。当一国对外开放程度较低时,多产品企业所有产品都在国内销售,国内市场竞争机制使得各产品生产率都存在相应的门槛值,而多产品企业核心产品的生产率高于门槛值,具有生产优势。为了多元化产品结构,企业将投资新产品开发,当企业进入新产品市场后将观测到自己的生产率,如果生产率低于门槛值,企业将放弃该产品的开发,改为开发其他产品。只有新产品的生产率大于或等于门槛值,企业才会选择生产该产品,最终通过垄断竞争机制,多产品企业的产品结构在国内市场达到均衡状态。对外开放会扩大企业产品的消费市场,但是加剧了企业面临的竞争环境。

当不存在汇率波动时,对外开放程度提高使得企业新产品开发决策发生变化,新产品的生产率门槛值不再由国内市场确定,而是由企业出口市场和国内市场共同决定,因而生产率门槛值将提高。此时,多产品企业的产品结构将发生调整,企业将放弃生产那些低于生产率门槛值的产品,只保留生产率较高的产品,将更多的资源集中在核心产品的销售上,因此,对外开放使得多产品企业产品偏度降低。另外,企业还可以出口核心产品和生产率较高、具有相对优势的非核心产品。总之,开放程度提高使企业通过调整产品结构从而提升配置效率和规模效率。当存在汇率波动时,情况将发生变化。汇率不确定性在某种程度上等于贸易壁垒、沉没成本。汇率波动从两方面对多产品企业的产品结构产生影响。第一，汇率波动增加了企业出口的不确定性，生产率较高的产品即使具有相对优势，企业也需要在汇率风险与出口收益间进行衡量，因而，汇率波动降低了企业高生产率产品的出口量，使其在产品结构中的比例减少，对于风险厌恶的企业，汇率波动对其影响更大。第二，汇率波动类似于贸易壁垒，不仅影响国内企业的出口决策，也影响国外企业的出口决策。对国内企业而言，汇率波动降低了国内产品市场的竞争，多产品企业中那些低效率的产品可以继续在国内市场销售，因而其在企业产品结构中的比重上升。总之，汇率波动通过影响多产品企业产品结构的调整，一方面降低了核心产品的比重；另一方面提高了非核心产品的比重，对企业整体生产率产生负面影响。

第二节 融资约束对企业生产率的影响

无论是企业自发地提高生产率还是外部环境促使其生产率改变，企业都可能面临流动性限制，制约其生产率的提升。当市场完全时，企业外部资本和内部资本可以完全替代，企业投资行为不会受到其财务状况的影响，因而企业可以通过融资来满足生产率提高需要的资金投入。但是现实中由于信息不对称、代理问题等现象，企业外部融资成本远高于内部融资成本。目前，我国金融体制不够健全，企业融资状况不容乐观，中小企业由于资本金少，基础薄弱，面临的融资约束最为严重。规模以上企业的财务制度更为健全，因而融资比小企业相对容易，但是规模以上企业也普遍面临融资渠道不畅的问题。另外，企业的盈利能力大相径庭，对外部资金的吸引力也不相同，仍有大量企业受困于融资约束，导致企业生产率停滞不前。

本章把企业全要素生产率分为技术进步、技术效率、配置效率和规模效率，而融资约束可以阻碍企业技术进步，降低企业的技术效率、配置效率和规模效率，如图3-2所示。具体来看，技术进步需要大量技术创新投资，企业很难完全依靠自有资金来完成，需要依赖外部融资，当存在融资约束时，将制约企业的技术进步。另外，企业需要一定的现金流动性来预防突发事件，如市场需求突然改变、政治环境异常等，如果存在融资约束，则会使企业技术效率降低。企业为了使配置效率处在最优水平，需要进行固定投资，当企业处于规模报酬递增的状态时，单纯扩大规模就可以提高生产率，而融资约束会阻碍企业的固定资产投资。

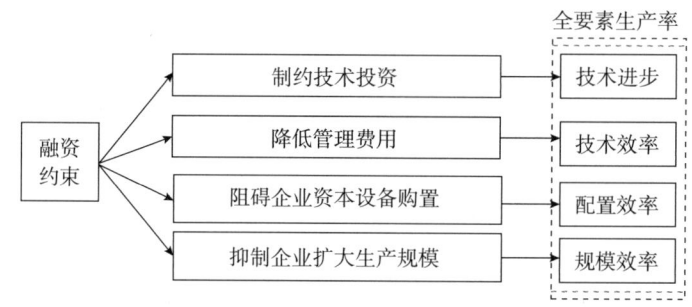

图3-2 融资约束对企业生产率的影响

资料来源：根据相关资料整理。

一、融资约束对企业技术进步的影响

如果市场是完全性的，则不存在信息不对称、交易成本、金融摩擦等市场缺陷，只要企业技术创新投资的预期收益足够高，就能够融到资金，改进生产技术，提高生产率。然而，在实际中，企业可能会受到内源性融资约束和外源性融资约束的影响，阻碍技术创新和设备升级换代。在经济活动中，交易各方拥有的信息不相同，即所谓的信息不对称。掌握信息较为充分的一方处于有利地位，而掌握信息不足的一方则处于不利地位，因而信息匮乏者会采用一些方式来维护自己的利益，这将会造成市场的扭曲，典型的例子是委托—代理问题、道德风险和逆向选择。企业技术创新过程中也会遇到信息不对称的情况。

第三章 汇率波动、融资约束对企业生产率的影响机理分析

技术创新是企业维持自身竞争力、提高生产率的重要途径。一般情况下，技术创新需要支付一定的固定成本，但是可以提高生产水平，降低边际生产成本。在资金充足的情况下，企业会根据利润最大化原则确定是否进行技术创新投资，即当技术创新投资后边际成本下降带来的收益大于技术创新支付的固定成本时，企业就会选择技术创新。另外，由于技术创新对企业长期发展有重要的战略意义，关系到企业的存亡，因而有些企业宁可忍受短期的损失也会选择研发与实验投资。虽然技术创新对企业意义重大，但技术创新投资比资本投资更难获得融资。Czarn-itzki 和 Hottenrott（2008）认为企业的研发与实验投入可以当作技术创新投资，该投资具有投入高、担保价值较低、应用时还有沉没成本等问题。另外，投资获得的知识创造过程具有正的外部性，而投资回报存在不确定性，这导致技术创新融资比资本投资更加困难。

技术创新投资成本较高，企业很难完全依靠自有资金来投资。如果不存在融资约束，那么企业可以融到技术创新资金。在借贷过程中，企业对自己的生产经营及管理状态十分了解，而贷款者掌握的信息较少，处于劣势地位。首先，贷款者对企业的技术创新不够了解，对技术创新是否能够带来预期收益存在疑问。其次，企业的管理者可能存在懈怠行为，为了自身的利益而损害企业与投资人的利益。因而对于投资者来说，技术创新贷款具有较高的风险，不过他们可以通过两种手段来应对，即对技术创新投资收取较高的利率来补偿风险，或者通过信贷配给，将资金贷给信息相对透明、偿债能力较强的企业，如上市企业或国有企业。这两种手段都将对企业技术创新投资产生融资约束，阻碍企业通过技术创新方式来提高生产率。

曾勇（2007）的实物期权模型表明：由于市场存在不确定性，企业在经营状况变差时，如果不能获得融资，则只能选择停止运营或者破产。而如果企业在经营困难时能够获得融资，则可以通过支付一定融资成本，选择暂停运营，并等待经营状况好转时恢复运营。只要融资成本不高于破产的损失，则暂停运营可以带来更大的利益。除了市场不确定性外，还可能存在技术不确定性，当不存在技术冲击时，随着融资成本的上升，企业进

行技术投资的门槛值上升，选择技术投资的可能性也越来越小，即融资约束会阻碍企业技术进步。同时，随着技术投资额变大，企业进行技术创新的可能性将变小。

二、融资约束对企业技术效率的影响

由于各种摩擦、转化成本等原因，企业的技术效率不可能完全处于最优水平，企业需要不断运用管理学原理，在管理方法上进行创新，改善企业组织结构，以优化企业技术效率。陈海强等（2015）指出，企业技术效率的改进同样需要长期稳定的资金投入，例如，企业日常经营活动中的管理费用、职工管理培训费用等，另外，引进先进的管理方法、管理团队等都需要费用。一般情况下，管理上的改进或者创新需要较长时间才能把效果完全发挥出来，因此，在企业存在融资约束、流动性不足的情况下，企业往往更倾向于将资金分配给"短、平、快"的项目，减少管理费用投资，导致技术效率降低。

本章第一节的分析表明，企业组织形式的调整会对技术效率产生较大影响，当企业规模扩大时，企业从单层的组织形式调整为双层或多层组织形式可以提高技术效率，但这需要更多的管理人员，且相应的配套设施也需要增加，这都需要支付一定的费用。当存在融资约束时，企业流动性不足，不能调整企业组织形式，这将使技术效率停滞。另外，当一些突发的事件（如市场需求突然改变、政治环境异常等）发生时，如果企业流动性充足，则可以采取应对措施规避一定的风险，而当存在融资约束时，企业无法规避风险，这将导致技术效率大幅下降。

当然，融资约束对技术效率也存在正面的影响。在面临融资约束时，企业为了避免在竞争中被淘汰，有动机挖掘企业内部效率的潜力，如提高管理水平和组织灵活性等，进而促进技术效率提升。

三、融资约束对企业配置效率和规模效率的影响

配置效率变动的主要原因是企业短期内无法调整固定资本,因而在市场需求上升或下降时企业只能通过调整可变成本来应对,进而导致生产率降低。如果企业流动性充足,可以通过优化资本和劳动投入比例来提高配置效率,而存在融资约束时,固定资产投资受阻将阻碍配置效率提高。生产设备属于固定资产投资,同样会受到融资约束的限制。当处于市场完全竞争状态时,企业能够以与内部资金相同的成本融到购买生产设备所需的资金,因而企业的投资决策与融资决策无关,只要投资生产设备的现金流净值超过相关的资本支出,企业便做出投资决策,从而提高企业生产率。但是,由于我国金融市场发展落后、商业信用评级机制不健全等原因,企业生产设备投资的外部资金成本大于内部资金成本,企业生产设备投资的融资成本上升,只有企业内部资金充足时,才能够获得最优的设备投资,否则,融资约束将限制设备投资,影响到企业的配置效率。但是与技术创新投资相比,生产设备的担保价值较高,生产设备内嵌的技术进步信息较为透明,且如果企业经营失败,未能获得预期收益,那么生产设备还有一定的回收价值,因而其受到信息不对称的影响较小。另外,金融创新可以有效缓解企业设备投资的融资约束,如融资租赁可以通过转移与生产设备所有权有关的绝大部分风险来缓解融资约束。

对于规模效率,当企业处于规模递增阶段时,扩大生产规模可以提高生产率。企业规模不仅包括生产设备,还包括固定投入,如土地和厂房。企业规模扩大受到的融资约束与购置先进生产设备类似。但是,增加的土地、厂房等固定资产具有透明价值,交易双方信息对称,同时,企业规模扩大不涉及产品变动,投资人面临的风险较小,因而扩大企业规模所受的融资约束程度也更低。姚洋和章奇(2001)指出扩大企业规模有助于提高生产率,但无论企业通过投资还是并购来扩大规模,都需要较多的资金,而融资约束使企业无法通过扩大规模来进一步提高生产率。

第三节　不同融资约束状况下汇率波动对企业生产率的影响

一、不同融资约束状况下汇率波动对企业的影响效果

第三章第一节讨论了汇率波动对企业全要素生产率的影响，当时假定汇率波动的传递效应相同。由第三章第二节可知，企业的技术创新投资、购买先进资本设备及生产规模扩大等受融资约束的影响较大。因而，当汇率波动对企业的生产投资决策产生影响，进而引起生产率变化时，其对流动性不同的企业的传递效果肯定存在差异。对于有一定定价能力的企业来说，融资约束会影响企业的定价策略，那些受融资约束程度轻的企业具有较高的产品定价能力，汇率波动引起生产成本上升时，可以通过改变定价把该成本传递给消费者。相反，受融资约束程度高的企业几乎没有定价能力，因而只能自己承担汇率波动带来的损失。Strasser（2013）认为受融资约束的企业对汇率的敏感性是不受融资约束企业的两倍。

汇率波动对这两类企业生产率的影响效果也不相同，在技术创新投资层面，Clark（1973）的模型中假设企业没有定价权，因而汇率波动导致其产量下降，进而技术创新投资带来的生产成本降低，无法弥补技术投资，从而企业将选择采用旧技术进行生产。如果企业具有一定的定价权，即使存在风险贴水，企业也可以根据边际收益等于边际成本的原则进行生产，降低产品价格，使技术进步发挥出更大的效益。

二、不同融资约束状况下企业的汇率风险承受能力

汇率波动对企业来说是一种流动性冲击。从前文分析可知，企业技术创新投资会受到汇率波动风险的影响，流动性不足的企业难以克服汇率波动风险，进而阻碍了其创新投资。面对流动性冲击，企业很难完全依靠自有资金来克服，因而需要借助融资来应对。因此，如果企业受到较轻的融资约束，那么可以通过融资来克服汇率波动的流动性冲击，进行技术创新投资，获得生产率的提升。相反，受融资约束的企业则不能通过融资进行技术创新，这制约了生产率的提高。

汇率波动会阻碍企业进行研发投入、影响生产资料最优配置以及产品结构和组织结构的优化。由于企业存在异质性，而融资能力也是重要的异质性特征之一，因而不同企业抵抗汇率波动风险的能力也大不相同。面对流动性冲击，企业很难完全依靠自有资金来克服，需要借助融资来应对，那么融资能力强的企业应对汇率波动风险的能力就强。对于技术创新投资来说，汇率风险上升导致企业收益不确定性上升，企业技术投资意愿下降，如果企业流动性较强，则可以忍受一时的汇率风险，进行技术研发，从而在长期内提高生产率。除了收益不确定性外，如果企业受到的融资约束程度较轻，则能够以较低的融资成本筹集到技术创新所需的固定投资资本，如果企业抗汇率风险能力上升，选择技术投资的概率更高。

企业生产率的计算及其分布

第一节 企业生产率计算方法与数据处理

一、企业生产率计算方法介绍

本章采用 OP（Olley and Pakes）方法估计企业生产率。为了解决同时性偏差和选择性偏差，OP 法假定企业在每期期初根据自己的生产率决定是否退出生产市场，如果退出，可以得到清算价值 Φ，如果选择不退出，那么它将决定本期的可变投入，如劳动、原材料、能源和投资水平 I_{it}。另外，设本期的资本存量为 K_{it}，生产率冲击为 A_{it}，企业年龄为 age_{it}。下期的生产率冲击受到本期生产率冲击和资本的影响，即 $E(A_{i,t+1} \mid A_{it}, K_{it})$，企业利润则由 A_{it} 和 K_{it} 共同决定。

企业根据未来利润的折现值最大化来进行生产决策，可以用 Bellman 方程表示，具体形式如式（4-1）所示。

$$V_{it} = \text{Max}[\Phi, Sup_{I_{it} \geq 0} \prod\nolimits_{it}(K_{it}, age_{it}, A_{it}) - C(I_{it}) +$$
$$\rho E\{V_{i,t+1}(K_{i,t+1}, age_{i,t+1}, A_{i,t+1}) \mid J_{it}\}] \quad (4-1)$$

式 (4-1) 中，$\prod_{it}(\cdot)$ 为利润函数，$C(\cdot)$ 为投资的成本函数，ρ 为折现率，J_{it} 表示 t 时期的生产环境信息。式 (4-1) 表明对于第 i 个企业，如果退出的清算价值大于折现价值，那么其将选择退出市场。

为了解该方程，设当生产率大于一定门限值时，企业 i 留在生产市场 ($\chi_{it}=1$)，当生产率小于一定门限值时，企业退出生产市场 ($\chi_{it}=0$)，其中门限值根据当期企业的资本存量和企业年龄确定，具体形式如式 (4-2) 所示。

$$\chi_{it} = \begin{cases} 1 & A_{it} \geqslant \bar{A}_{it}(K_{it}, age_{it}) \\ 0 & A_{it} < \bar{A}_{it}(K_{it}, age_{it}) \end{cases} \quad (4-2)$$

企业本期投资量取决于资本存量、生产率和企业年龄，即

$$I_{it} = I(K_{it}, \Omega_{it}, age_{it}) \quad (4-3)$$

企业的生产形式仍服从柯布—道格拉斯函数形式，Ω_{it} 服从一阶马尔科夫过程。具体形式如式 (4-4) 和式 (4-5) 所示。

$$\ln y_{it} = \beta_0 + \beta_1 \ln l_{it} + \beta_2 \ln m_{it} + \beta_3 \ln e_{it} + \beta_4 \ln k_{it} + \beta_5 \ln age_{it} + u_{it} \quad (4-4)$$

$$u_{it} = A_{it} + \eta_{it} \quad (4-5)$$

其中，y、k 和 l 分别表示企业产出、资本投入和劳动投入，m、e 和 age 分别表示企业的中间投入、能源消耗和年龄。A 表示企业生产决策者可以观察到，但是研究者观察不到的生产率，η 表示决策者和研究者都无法观察到的生产率，因而其不会影响生产决策。但 A 却和可变投入相关，进而导致随机干扰项 u 和 l、m、e 相关。为了解决这一问题，设企业未来的生产率是当期生产率冲击 A 的增函数，这样，本期正向生产率冲击导致企业增加投资，根据式 (4-2) 可以得到式 (4-6)。

$$A_{it} = h(I_{it}, K_{it}, age_{it}) \quad (4-6)$$

将式 (4-6) 和式 (4-5) 代入式 (4-4) 中得到式 (4-7)。

$$\ln y_{it} = \beta_1 \ln l_{it} + \beta_2 \ln m_{it} + \beta_3 \ln e_{it} + \phi(\ln k_{it}, \ln age_{it}, \ln i_{it}) + \eta_{it} \quad (4-7)$$

其中，$\phi(\ln k_{it}, \ln age_{it}, \ln i_{it}) = \beta_0 + \beta_3 \ln e_{it} + \beta_4 \ln k_{it} + \beta_5 \ln age_{it} + h(I_{it}, K_{it}, age_{it})$，且其可以用资本、企业年龄和投资的二阶多项式表示。此时，随机干扰项 η 和投入之间不再相关，可以直接对式（4-7）进行最小二乘法估计，得到 β_1、β_2 和 β_3 的估计值。

为了进一步求出 $\ln k$ 和 $\ln age$ 对应的系数，同时控制选择性偏差，需要先估计出企业的生存概率。企业本期是否退出生产市场由上期的生产率冲击和退出的门限值确定，因而可以建立一个预测本期是否退出市场的概率模型，具体形式如式（4-8）所示。

$$\chi_{it} = \exp(\alpha_1 \ln i_{i,t-1} + \alpha_2 \ln k_{i,t-1} + \alpha_3 \ln age_{i,t-1} + \eta_{i,t-1}) \quad (4-8)$$

通过估计模型（4-8），可以预测出本期企业的生存概率 P_{it}，接着估计模型（4-9）就可以得到资本和企业年龄的系数。

$$\ln y_{it} - \beta_1 \ln l_{it} - \beta_2 \ln m_{it} - \beta_3 \ln e_{it} =$$
$$\beta_4 \ln k_{it} - \beta_5 \ln age_{it} + g(\hat{\phi}_{t-1} - \beta_4 \ln k_{i,t-1} - \beta_5 \ln age_{i,t-1}, \hat{P}_{it}) + \xi_{it} + \eta_{it}$$
$$(4-9)$$

函数 $g(\cdot)$ 表示只有本期存活的企业才进行投资，由 $\hat{\phi}_{t-1} - \beta_4 \ln k_{i,t-1} - \beta_5 \ln age_{i,t-1}$ 和 $\hat{P}_{it}$ 的二阶多项式近似表示，因而模型（4-9）可以消除选择性偏差。

二、数据与变量处理

本章所研究的对象为我国工业企业生产率，数据主要来自1998~2013年中国工业企业数据库。中国工业企业数据库由中国国家统计局收集并整理，主要收录了规模以上工业企业的生产经营资料。由于规模以上工业企业的标准在2011年发生了变化，因而1999~2010年该数据库收录的主要为主营业务收入在500万元及以上的工业企业，2011~2013年收录的为主营业务在2000万元及以上的工业企业。工业企业的数量增长迅速，从1998年的10多万家增加到2010年的30多万家。更改标准后，2011~2013年工业企业稳定在30万家以上。中国工业企业占我国工业总产值的90%以上，为全面深入分析我国工业的微观生产状况提供了条件。

由于原始数据中包含负值、缺失值或者不符合常理的情况，需要对其进行筛选，为了便于分析，本章对数据做了以下处理：首先，剔除工业总产值、销售产值、总资产、固定资产净值和固定资产合计小于等于0或者缺失的企业，剔除企业从业人数小于等于8或者缺失的企业。其次，剔除成立时间早于1949年或者成立时间无效的企业，剔除利润率超过100%的企业，剔除2011年以前主营业务收入低于500万元，2011年后低于2000万元的企业。再次，剔除总资产小于固定资产合计或固定资产净值的企业。最后，为了排除异常值的影响，分别剔除每年工业总产值、销售产值、主营收入等变量最大的1%和最小的1%企业（Brandt et al.，2012）。

计算企业生产率主要涉及企业的投入和产出变量，产出变量，主要包括总产值和工业增加值，但是2008年以后，工业企业数据库不再提供工业增加值的原始数据，因而本章产出选择工业总产值。资本投入用固定资产净值表示，某些年份中缺失固定资产净值时，可用固定资产原价减折旧表示，当没有固定资产原价时直接用固定资产合计替代。劳动投入用企业从业人数表示。

OP法需要固定资产投资作为代理变量，但工业企业数据库中并没有该指标，因此，本章按照国际惯例，采用永续盘存法来测度企业投资额，如式（4-10）所示。

$$I_{it} = K_{it} - \delta K_{i,\ t-1} \tag{4-10}$$

其中，K为固定资产合计，δ表示折旧率，针对我国工业企业情况，选择15%较为合适，由于式（4-10）需要前一年的固定资产合计数据，因而1998年的数据不可用。此外，对于企业i，只有其上年同时存在，才能够正确计算当年的投资额，否则，无法使用OP法计算该企业生产率。因此，当市场企业进入、退出十分活跃,企业生存连续情况较弱时,采用 OP 法计算生产率会损失很多样本,这成为 OP 方法的主要缺陷。

第二节 我国企业生产率的估计及分布状况

一、我国工业企业生产率的整体状况

估计出资本和劳动的产出弹性系数后,就可以计算得到我国工业企业的全要素生产率。由于采用的微观数据量较大,这里绘出了两种方法计算得到的全要素生产率水平值的核密度图,通过将两个图形放在一起,可以方便比较两种生产率的分布特征。从图 4-1（a）中可以看出,OP 法计算的生产率核密度曲线处在最小二乘法计算的核密度曲线的左边,前者的均值为 4.59,而后者的均值为 5.19,这表明最小二乘法高估了企业的全要素生产率。进一步通过偏度—峰度检验,发现两种方法计算的生产率都拒绝了正态分布的假设,其中两者的偏度值分别为 -0.063 和 -0.044,说明核密度分布较为对称。峰度值分别为 3.368 和 3.272,表明企业生产率的分布比正态分布更为集中。

企业所有权结构决定企业产权的分配方式和分配比率,在我国,国有企业在经济发展中起到了中流砥柱的作用,同时解决了大量就业问题,但国有企业由于受到政府的补助,容易导致机构臃肿,创新不足。由于企业激励、政策环境不同,各类性质企业的创新动力和生产率也存在很大差异,图 4-1（b）将 OP 法计算出的生产率按照企业性质划分为国有企业、民营企业和外资企业。国有企业生产率分布的峰度明显低于民营企业和外资企业,一方面,国有企业的创新投入存在浪费较大的现象,创新制度与管理不完善（俞立平;2007）；另一方面,对于国有企业,国家作为委托

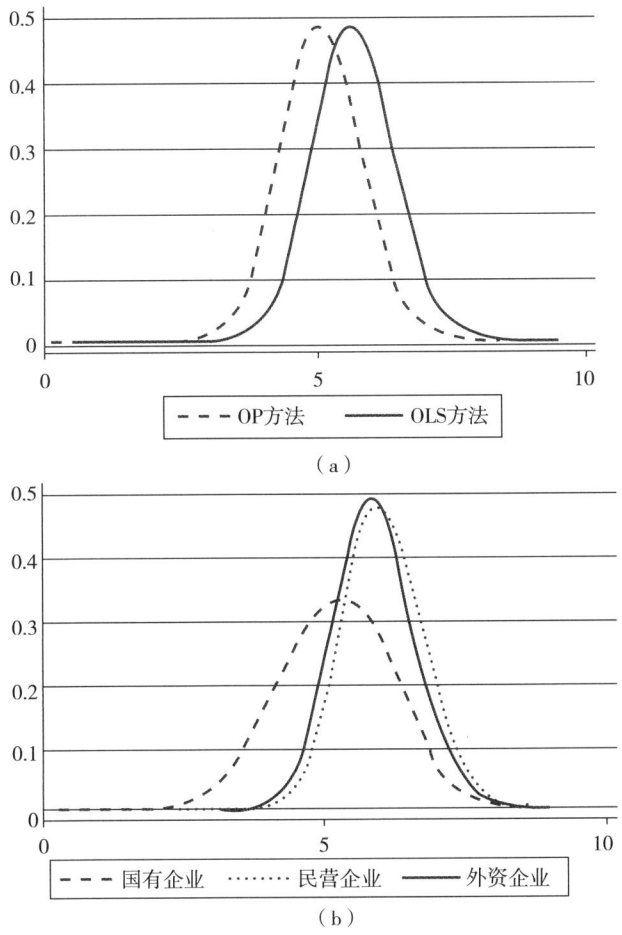

图 4-1 全要素生产率的核密度

资料来源：根据相关资料整理。

人享有企业的收益权，但是没有控制权，而代理人有企业的控制权但是没有获得收益的权利，这一矛盾阻碍了生产率的提升（孙晓华、王昀，2014）。国有企业的偏度呈左偏态，表明生产率高的企业分布集中而生产率低的企业分布较为分散。民营企业和外资企业的生产率分布形态较为接近，且民营企业生产率处在右边，表明民营企业生产率高于外资企业。究其原因，外资企业在我国大多投资于组装、加工制造等行业，主要是为了避免外国高昂的制造费用，而将产品链的末端迁移到我国，当然，外国企业先进的制造技术、管理水平在我国具有优势，因而外资企业出口额所占比重很大。民营企业委托—代理问题相对较弱，对技术创新的激励更强，因而其生产率最高，这表明民营企业将是推动我国工业发展的动力。

规模大小与企业生产率之间存在密切联系，按照边际报酬规律，当企业规模一定时，随着生产要素的增加，企业产出增加的幅度要大于生产要素投入，但是当生产要素增加到一定程度时，如果继续增加要素投入，则产出增加的幅度要小于生产要素投入。此时，各种要素的利用效率降低，导致生产率降低，只有在长期内，企业通过调整企业规模，才能进一步增加要素投入的利用率。图4-2中工业企业按照主营业务收入分为五类，其中，第一类企业的主营业务收入小于25000万元，第二类企业大于等于25000万元小于50000万元，第三类企业大于等于50000万元小于75000万元，第四类企业大于等于75000万元小于100000万元，第五类企业大于等于100000万元。因为2011年后规模以上企业标准从500万元提升到2000万元，因此，分别绘出了1999~2010年和2011~2013年的五类企业生产率的柱状图。可以看出，随着企业规模的扩大，平均生产率随之提高，表明我国工业企业中存在规模效应。首先，对于规模较大的企业，其规模收益递增的阶段更长，要素投入具有较高的利用率，因而生产率较高。其次，如果企业处于规模经济阶段，那么扩大规模可以降低企业的生产、管理成本，进而提高生产率，但如果处于规模不经济阶段，那么规模扩大可能导致管理链过长，信息传递慢，反而会降低生产率。最后，规模大的企业具有较高的收入，实力更强，因而更愿意进行研发与试验（R&D）投入，随着研发转成技术进步，企业产品线升级换代，生产率也随着提高。规模较小的企业没有足够的资本进行创新投入，因而技术相对落后，甚至处在生产链的末端，生产率低下。

对于第一个时间段，从第一类企业到第二类企业，生产率提升的幅度较大，而对于第二个时间段，从第四类企业到第五类企业，生产率提升的

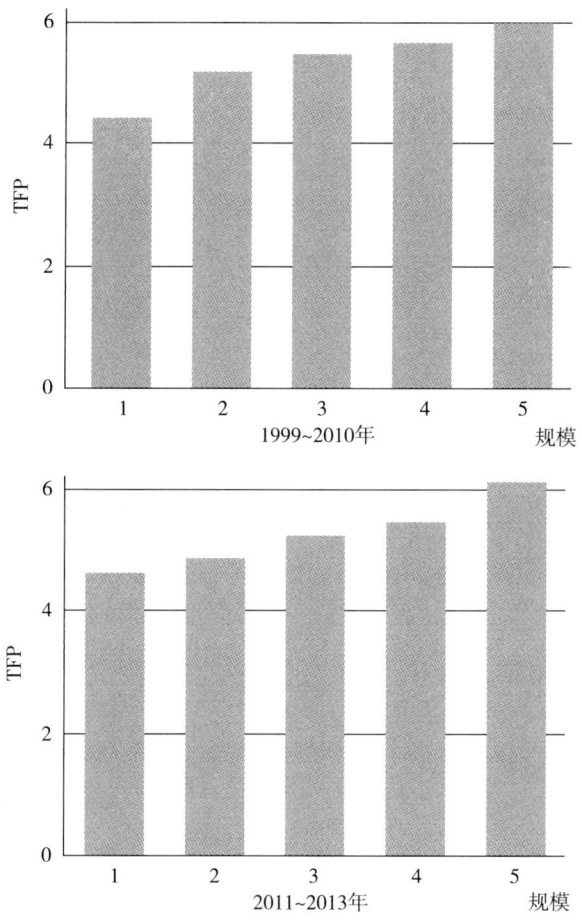

图 4-2 按规模分组的企业生产率

资料来源：根据相关资料整理。

幅度最大，这主要是因为第一阶段第一类企业中包含了主营收入在 500 万~2000 万元的规模较小的企业，拉低了平均生产率。随着经济发展，第二阶段主营收入在 100000 万元以上的企业数量和规模都在增大，因而平均生产率提升幅度更大。从纵向比较来看，第二阶段第一类和第五类企业生产率略高于第一阶段，但其他几类则相差不大。

二、企业全要素生产率的地区分布状况

我国地区间经济发展存在不平衡的现象，内陆与沿海经济存在差距，改革开放以来，沿海作为中国经济的窗口，是对方开放的直接受益者，且获得政府财政扶持，沿海经济发展大幅领先于内地。省份之间发展不平衡，2014 年，广东省的地区生产总值达 67809.9 亿元，排在 31 个地区的首位，而排在最后的西藏地区生产总值仅为 920.83 亿元，差距非常明显。东部地区交通便利、信息灵通，具有较好的工业基础，西部地区则相对封闭，发展基础落后，缺少人力资本，因而经济发展缓慢。当然，GDP 只是衡量一个地区经济总量的发展指标，经济发展的最终动力源自生产率提高，即使一个地区总的 GDP 值较低，但是相同产值水平下其所消耗的资本、人力更少，所以可以说该地区的生产率更高，在长期发展中更具优势。

表 4-1 显示了 1999~2013 年我国 31 个地区全要素生产率及其年均增长率，为了便于比较分析，同时列出了各地区的资本生产率、劳动生产率和年均增长率。可以看出，平均全要素生产率较高的地区有山东、江苏和吉林，而西藏、青海和甘肃的生产率相对较低。从前面的分析可知，随着工业企业规模的上升，企业全要素生产率也在提高，山东、江苏工业产值规模一直处于前列，2013 年，江苏和山东规模以上工业产值达到 132721.45 亿元和 128488.73 亿元，分列第一位、第二位，规模优势拉升了其平均全要素生产率，同时，山东的资本生产率和劳动生产率分别为 13.40 和 559.18，也具有一定的相对优势，江苏的资本生产率和劳动生产率分别为 12.40 和 456.73，在 31 个地区中也排在前列。广东的工业产值规模也较大，但是其全要素生产率却落后于河南、河北和内蒙古，广东的资本生产率较大，但是劳动生产率却较低，仅为 339.32，产生这个现象的原因有两个，一个原因可能是广东有较多的外来劳动者，这些劳动者的劳动技能参差不齐，拉低了整体生产率；另一个原因可能是有较多的企业处在工业生产价值链的底端，依赖较多的劳动投入。内蒙古虽然工业产值不

高，但是其具有较高的劳动生产率，因而全要素生产率高于广东。西藏、青海和甘肃等地区的产值规模不高，同时劳动生产率、资本生产率都处在较低水平，这说明其工业技术含量低，劳动者技能不高，因而全要素生产率处在较低水平。北京作为全国的政治、文化中心，人均GDP排在前列，然而，其工业企业的生产率却不高，这可能是因为北京作为首都城市，工业企业的生产成本较高，同时当地政策为了推动产业结构升级与环境保护，大量工业企业被疏散，未来北京更多地依靠第三产业来推动经济发展。

表4-1 1999~2013年我国31个地区的生产率状况

地区	TFP	年均增长率（%）	资本生产率	年均增长率（%）	劳动生产率（千元/人）	年均增长率（%）
北京	4.96	2.10	10.89	9.62	346.36	6.01
天津	5.09	2.32	12.22	10.36	409.62	6.84
河北	5.16	2.66	11.39	12.23	494.85	11.03
山西	4.59	3.47	6.29	16.69	308.53	16.98
内蒙古	5.15	3.67	11.45	18.24	551.71	17.41
辽宁	5.26	3.22	12.61	13.63	624.19	12.76
吉林	5.27	2.52	10.28	11.15	608.32	13.40
黑龙江	4.71	3.35	7.95	11.83	351.12	15.01
上海	5.12	1.17	10.66	7.55	383.86	2.66
江苏	5.32	1.46	12.40	7.85	456.73	5.86
浙江	5.06	1.13	8.94	7.19	328.72	2.94
安徽	5.10	2.41	10.14	12.59	426.62	11.27
福建	5.08	2.47	11.76	13.29	347.32	7.63
江西	5.00	3.84	10.75	15.36	455.00	16.20
山东	5.39	2.24	13.40	10.61	559.18	10.58
河南	5.18	2.43	10.14	8.05	460.74	11.73

续表

地区	TFP	年均增长率（%）	资本生产率	年均增长率（%）	劳动生产率（千元/人）	年均增长率（%）
湖北	5.02	2.57	9.92	8.53	395.30	10.86
湖南	4.93	2.19	9.53	11.39	425.48	23.16
广东	5.14	1.96	14.07	11.00	339.32	4.89
广西	4.86	3.82	11.78	17.61	376.31	14.85
海南	4.50	3.20	6.54	11.48	286.29	10.26
重庆	4.93	3.05	10.27	15.55	297.22	13.01
四川	5.08	3.05	10.66	14.94	459.04	14.16
贵州	4.57	3.95	8.31	16.06	266.86	14.71
云南	4.52	3.28	5.45	15.74	264.33	12.40
西藏	3.67	3.32	2.05	6.48	137.23	10.20
陕西	4.71	3.63	7.72	15.64	330.42	15.96
甘肃	4.49	3.69	6.17	16.13	255.39	14.91
青海	4.35	3.96	4.52	10.11	265.02	17.05
宁夏	4.85	3.03	6.47	12.43	397.24	13.75
新疆	4.53	3.38	4.84	12.43	326.61	13.70

资料来源：根据相关资料整理。

整体上看，沿海地区的全要素生产率高于中部地区和西部地区，这与我国工业企业分布特征有关，沿海地区工业与国际接轨，科技含量高，高新技术工业蓬勃发展，互联网与工业相融合，可以极大地提高生产率。中部的传统工业较强，但是发展滞后，西部地区工业基础薄弱，虽然增长迅速，但仍与东部地区和中部地区有较大差距。从全要素年均增长情况看，青海、贵州、江西的增长率最高，虽然国有企业改制、相关财政政策扶持以及后发优势促进了生产率暂时的高增长，但这并不必然能使西部地区的落后现象得到实质性的改善，而沿海地区广东、江苏、上海、浙江等地区企业生产率年均增长率较低,均不足2%,中部地区企业增长率同样处在中间位置。这表明了我国中、东、西部地区企业生产率存在收敛的趋势。但进一步比较资本生产率和劳动生产率可知,西部地区资本生产率增长速度较快,但是劳动生产率增长速度并不高,由此可知,西部较高的全要素增长率主要依靠财政对西部开放的资本投入,但是西部地区劳动者素质较低的状态并没有得到显著改善。只有加大基础教育,培养高素质劳动者,才有可能真正实现地区间的均衡发展。

三、企业全要素生产率的行业分布状况

从地区角度研究企业生产率,可以了解区域间工业企业的生产技术、企业类别的差异,而通过行业间企业生产率的比较,则可以发现产业间技术分布状况。按照国民经济行业分类标准(GB/T 4754-2011),我国工业分为"采矿业""制造业"和"电力、热力、燃气及水生产和供应业"三大类,还可以进一步划分为29个细分行业(见表4-2)。采矿业主要是对自然资源的开采挖掘,为其他工业提供原材料或者能源,本身并不涉及加工制造,因而产品附加值低,技术含量有限,其企业平均生产率为4.89。虽然采矿业企业为其他工业企业提供了基础生产资料,但所占比重很低,在样本企业中有58368家,仅占3.44%。"电力、热力、燃气及水生产和供应业"关系到居民的正常生活、企业的顺利生产,但正是因为其特殊地位,我国的该类企业大多数属于事业单位企业,容易受到管制,企业平均生产率仅4.28,低于其他两类的企业生产率,同时,企业样本数量为58599家,占3.46%。制造业是工业的主体,为居民的日常生产提供各式各样的工业制成品,方便生产生活。制造业企业可以将多种生产资料进行结合,具有较高的产品附加值,其样本数量为1577982家,占全部样本的93.1%。一般来说,制造业企业产品的科技含量高,企业间竞争更为激烈,因而企业更多依靠科技创新,制造业企业样本的平均生产率为5.16,高于其他两类。随着信息技术的发展,制造业与互联网相结合,可以拉动制造

业企业生产率继续提升，正因为制造业的重要地位，本节将根据制造业2位代码对其进行分类研究。

表4-2 制造业行业生产率及增长率情况

制造业分类	样本数（个）	TFP	增长率（%）
农副食品加工业	96054	5.44	2.28
食品制造业	37247	5.03	3.06
饮料制造业	23742	4.95	2.61
烟草制品业	895	4.58	0.98
纺织业	138725	5.10	1.84
纺织服装、鞋、帽制造业	73974	5.03	1.53
皮革、毛皮、羽毛（绒）及其制品业	36179	5.18	1.57
木材加工及木、竹、藤、棕、草制品业	34538	5.24	2.92
家具制造业	19938	5.17	2.18
造纸及纸制品业	46369	5.07	2.03
印刷业和记录媒介的复制	28806	4.64	3.09
文教体育用品制造业	22374	5.07	1.87
石油加工、炼焦及核燃料加工业	8238	5.55	2.05
化学原料及化学制品制造业	117412	5.34	2.05
医药制造业	33734	5.05	2.02
化学纤维制造业	8109	5.36	1.63
橡胶制品业	26663	5.19	2.00
塑料制品业	83702	5.19	1.82
非金属矿物制品业	127194	4.90	3.02
黑色金属冶炼及压延加工业	30544	5.56	2.20
有色金属冶炼及压延加工业	30173	5.59	1.18
金属制品业	94996	5.21	1.95
通用设备制造业	129805	5.15	2.61

续表

制造业分类	样本数（个）	TFP	增长率（%）
专用设备制造业	67740	5.08	2.96
交通运输设备制造业	67013	5.09	2.45
电气机械及器材制造业	79567	5.40	3.03
通信设备、计算机及其他电子设备制造业	52165	5.10	1.55
仪器仪表及文化、办公用机械制造业	23908	5.02	1.83
工艺品及其他制造业	26266	5.02	3.20

资料来源：根据相关资料整理。

表4-2显示了29个2位数制造业行业的企业生产率及增长率情况，整体上看，29个行业生产率的标准差仅为0.23，说明行业间企业生产率的分布较为均衡。具体来看，有色、黑色金属冶炼企业的生产率最高，金属冶炼企业为其他企业提供了金属原材料，其中，钢铁作为最重要的结构材料，对我国城镇化建设起到了重要作用。有色、黑色冶炼企业得到国家的支持，冶炼效率大幅提高，但是有色、黑色金融冶炼属于传统制造业，具有高能耗的特点，虽然目前还有一定的需求空间，但是普遍出现了产能过剩的问题，未来需要对中等效率企业做减量调整，淘汰低效率企业，高生产率企业整合市场，才能使有色、黑色金融冶炼行业结构更加合理。

通信设备、计算机及其他电子设备制造属于高新技术产业，然而，其生产率并不高，仅为5.10。电子设备制造科技含量高，对创新依赖度高，世界上掌握关键技术的企业通常会采取技术封锁，防止其他企业竞争。我国电子设备制造企业起步较晚，更多的是依赖模仿学习，技术普遍较为落后，虽然近几年出现了一批具有高技术、高质量的电子设备制造企业，依赖产品技术创新，生产率大幅提高，开始向海外扩展，但是我国电子设备制造企业大部分还处在代工阶段，生产率有待进一步提升。食品、饮料制造业企业的平均生产率较低，分别为5.03和4.95。我国食品、饮料制造业企业多数属于初级加工企业，产品创新少，只有增加产品深加工、提高产品附加值，生产率才能大幅提升。

生产率增长速度方面，工艺品及其他制造业、印刷业和记录媒介的复制增长较快，食品制造企业虽然生产率较低，但是增长较快，而有色金融制造企业的生产率增长较慢。

四、企业全要素生产率的变动

1999~2013年，我国经济飞速增长，然而，随着后发优势的减弱、人口红利的消失，我国经济逐渐从追求增速向提高质量转变。企业作为经济的基本单元，其生产率的高低可以从侧面反映出经济增长基础的质量，为了判断我国经济增长的质量是否在不断提高，需要研究企业生产率随着时间的变动。虽然前文从企业的所有权性质、企业规模、地区角度和行业角度对企业生产率的分布进行了对比分析，然而这些分析主要是基于1999~2013年的平均生产率，不能反映出企业生产率的变动情况。2005年汇率改革增加了中小企业的汇率风险，企业生产率是否因此降低？2008年世界经济危机蔓延到中国，这引起了企业生产率发生怎样的变化？这些都需要从时间角度研究生产率的变动情况。

图4-1分别用最小二乘法（OLS）和OP方法估计出了企业生产率，为了研究生产率的变动情况，这里分别对每年的企业生产率进行平均，计算出当年所有企业生产率的平均值。由于工业企业数据库包含了所有规模以上的工业企业，其产值占到工业产值的95%以上，因此可以代表我国工业生产技术的变动情况，结果如图4-3所示。整体上看，1999~2013年，我国工业企业生产率呈上升趋势，且两种估计方法计算的生产率走势一致，其中OLS方法计算的生产率曲线位于OP方法的上方，表明OLS方法计算的生产率偏大。2000~2007年，生产率的走势十分平稳，这一时期，企业生产率的稳定增长对我国经济发展起到了关键作用，2003~2007年，我国GDP增长率连续5年保持在10%以上，成为中国经济增长的黄金时

期。2008年，由于受到全球经济危机的影响，企业生产率出现了下降的趋势，但是下降的幅度并不大。面对经济危机，外向型企业受到的冲击更为严重。经济危机使外向型企业的出口需求降低，而在短期内，企业的劳动、资本投入不能立刻调整，因而生产率会出现短期的下降。经济危机虽然不会直接对内向型企业造成影响，但却可以通过外向型企业传导到内向型企业，导致需求降低或者成本增加，进而使生产率出现下滑，但是2008年工业企业生产率的降低并不是意味着我国企业技术水平下降，主要是生产资料配置没有处在最优水平引起的，当企业在长期内能够调整其资源配置后，生产率将逐步回升，可以看到，2009年的生产率出现回升，并且高过了2007年的高点。与2008年工业企生产率出现下滑相对应的是GDP增长放缓，虽然绝对量仍然上升，但是增速在8年内首次低于10%。

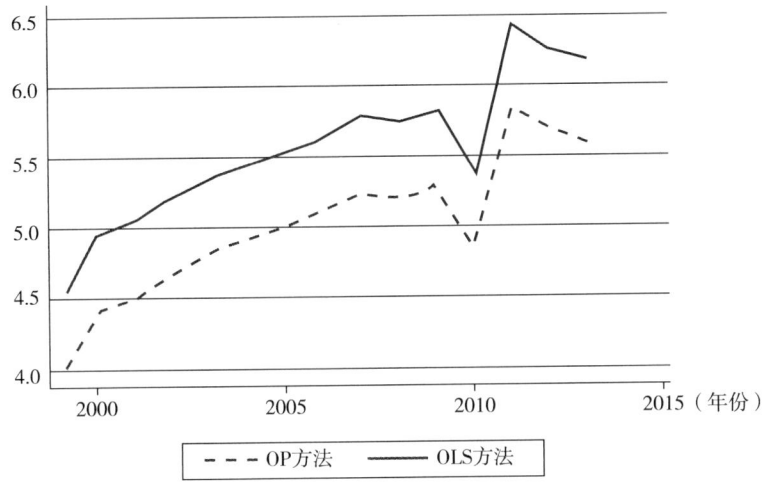

图4-3　1999~2013年企业生产率的变动

资料来源：根据相关资料整理。

TFP走势曲线波动最剧烈的年份是2010年和2011年，2010年企业生产率大幅下降，而2011年又迅速上升，达到历史高点。一方面，2010年的"四万亿计划"虽然刺激了经济，但是却没能提高生产率；另一方面，可能是由于2010年企业样本有偏引起的。最后，2012年和2013年企业生产率小幅下降。

规模是企业生产率异质性的重要来源，为此，本节对OP方法计算后的企业生产率按照企业销售产值进行加权平均，为了便于比较，同时给出简单平均的结果，如图4-4所示。首先，按照销售产值加权平均计算的生产率曲线位于简单平均的上方，且差距相对稳定，这验证了我国工业企业中普遍存在规模效率，规模大的企业生产率也较高，且这种效应长期存在，因此，对于工业企业中出现的产能过剩现象，可以采用企业并购、合并等手段，不但可以缓解产能过剩的问题，而且合并后的企业规模增大，产生规模经济效应，有利于提升企业长期竞争力。其次，按销售产值加权平均后，生产率曲线变得更加平滑，2010年生产率的下降幅度变小，这更加符合实际情况。

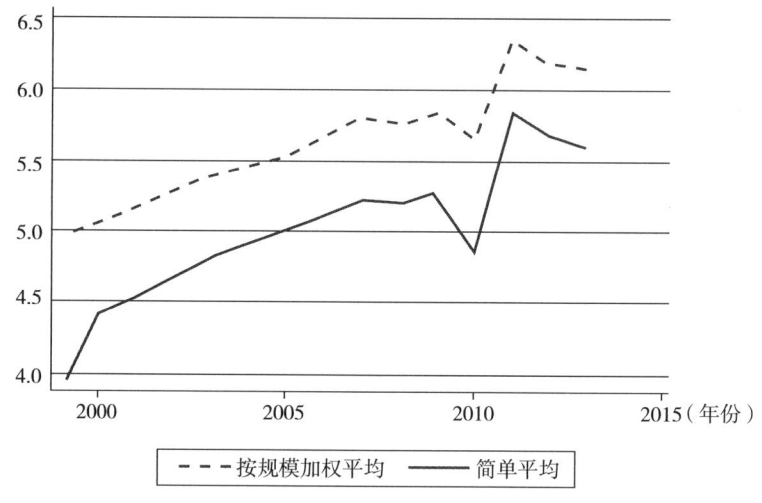

图4-4　加权平均企业生产率走势

资料来源：根据相关资料整理。

经过加权平均后，可以更清楚地观察2008年经济危机对我国企业生产率的影响，1999~2007年平均生产率上升，2008年和2009年经济危机对生产率产生了负面影响，企业生产率停止增长。同时经济危机对企业生产率产生了持续的影响，由于生产率反映了企业的竞争力，生产率的停滞将对企业产生较大的负面影响，甚至使企业倒闭，企业生产状况直接导致工人失业，产生深远的社会问题。因此，2010年，为了维持经济稳定，国家推行了"四万亿计划"，期望通过增加投资来缓解经济危机的负面效果。投资可以推动 GDP 的增长，然而，过度投资可能导致企业资源利用率降低，生产率出现下降。一方面，如果投资只是简单投资，即物化在资本里的技术没有升级，那么只会出现产量的扩大，而生产技术不会发生变化；另一方面，投资的回收年限一般较长，短期内很难转化为企业的生产技术。因此，"四万亿计划"并没有阻止企业生产率下降的趋势。经济危机对企业生产率的影响甚至持续到2013年。从图4-4中可以看出，生产率曲线在2011年发生了突变，这主要是2011年规模以上企业的界定范围改变引起的，2011年以后营业收入在2000万元以下的企业不再收录，因而平均规模上升，企业生产率发生了突变。因此，2011年生产率的增长并不能说我国企业生产率已经摆脱了经济危机的影响，开始上升。相反，2011~2013年，生产率继续小幅下降。

异质性企业贸易理论认为，只有具有较高生产率的企业才具有出口优势，生产率低的企业不具有出口优势，产品只能内销。因此，一般来说，出口企业的生产率要高于非出口企业。然而，许多现象表明我国制造业企业存在生产率悖论，即出口企业生产率反而低于非出口企业，李春顶（2010）认为这是由出口结构造成的，加工贸易企业依靠廉价劳动力，因而具有一定的出口优势，但加工贸易技术含量低，拉低了出口企业的生产率。范剑勇和冯猛（2013）按照企业的出口密度进行分组后，得出的结果否认了生产率悖论现象，且发现出口企业效率主要来自出口学习效应和自我选择效应。然而，很少有学者研究生产率悖论现象是否随时间发生变化。图4-5显示了出口企业和非出口企业生产率变动趋势，可以看出，两者的生产率都在提高，但是非出口企业提高的速度更快。2005年以前，出口企业生产率高于非出口企业，2005年之后，非出口企业生产率超过了出口企业。这表明我国企业生产率悖论不是一蹴而就的，而是与我国特定的产业结构调整相关。我国工业化起步较晚,内销企业和出口企业都以加工制造为主,而出口企业生产率要高于内销企业。随着工业化进程的推进,产业结构升级,我国企业的科技创新能力不断提高,生产率显著提升,然而,与发达国家相比,我国制造业企业的竞争力仍然不具有出口优势,出口企业仍为加工贸易企业,其生产率提升程度有限,因而出现了内销企业生产率逐渐赶超出口企业的现象。另外,我国的外商直接投资规模在不断扩大,外资企业在我国从事产品的加工和组装,属于产业链末端,这类企业在国外有成熟的销售渠道,不需要高生产率来抵消国外市场的高进入成本(李春顶,2015)。一方面是外资加工企业规模的扩大拉低了我国出口企业的生产率。另一方面是我国地方保护现象,只有生产率高的企业才能获得地方保护,而生产率低的企业只有通过出口学习效率来提高生产率(Yang & He,2014)。

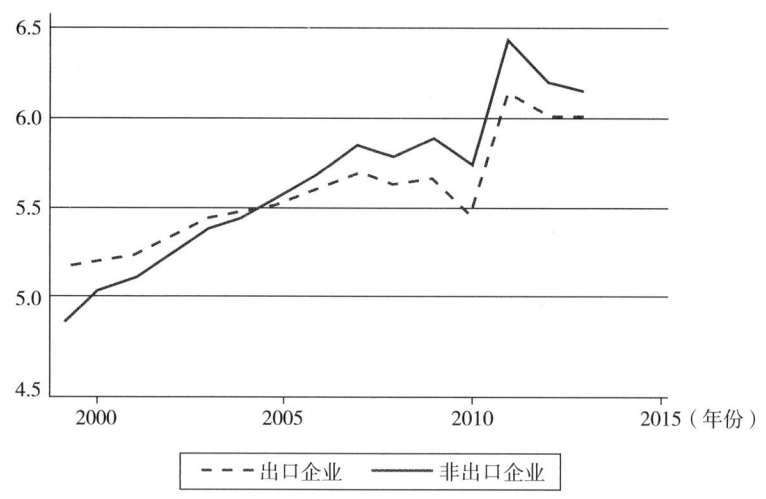

图4-5 出口企业与非出口企业生产率走势

资料来源:根据相关资料整理。

汇率波动、融资约束对企业生产率影响的实证分析

第一节 模型设定与描述性统计分析

一、模型设定

本章研究汇率波动、融资约束对企业生产率的影响,不同企业间存在较大的个体差异,为此,这里选择面板数据模型,不仅可以控制汇率、融资约束等变量对生产率影响的企业个体差异,还可以检验差异是固定效应,还是随机效应造成的。模型如式(5-1)所示。

$$TFP_{it} = \beta_0 + \beta_1 REER_t + \beta_2 OUTFC_{it} + \beta_3 INFC_{it} + \theta X_{it} + \eta_i + \lambda_t + \varepsilon_{it} \quad (5-1)$$

其中,TFP_{it}表示企业i在第t期的全要素生产率,$REER_t$表示第t年的汇率波动,$OUTFC_{it}$表示企业i在第t期的外部融资约束,$INFC_{it}$与之类似,表示内部融资约束。X是控制变量,表示其他影响企业生产率的变动因素,如在第四章中所述,我国企业普遍存在规模效应,因而企业规模是影响生产率的重要因素。企业盈利能力高时企业有充足的资本进行技术研发投入,因而盈利能力上升有助于生产率提高。企业资本实力也与生产率相关，资本强度高的企业一般属于资本密集型企业，资本中物化了科学技术，因而资本强度高的企业生产率相对也较高。企业管理水平的提高可以使企业组织生产的效率提高，生产率提升。η_i 和 λ_t 分别表示反映个体效应和时间效应的虚拟变量，ε_{it} 为随机干扰项。除此之外，第四章分析还表明，不同行业和地区的企业整体生产率也存在差异，因而在模型中也需要对其进行控制。

式（5-1）中 β_1、β_2 和 β_3 反映了企业生产率对汇率波动和融资约束的敏感程度，是本章的基准模型。除此之外，由于采用了企业层面数据，不同所有制企业、进出口企业可能在汇率波动敏感性、融资环境等方面存在差异。为了深入比较各样本企业生产率对汇率波动和融资约束反应的差异，使得分析更加可靠，需要采用虚拟变量的方式，具体模型如式（5-2）所示。

$$TFP_{it} = \beta_0 + \beta_1 REER_t + \beta_2 OUTFC_{it} + \beta_3 INFC_{it} + \gamma DZ_{it} + \theta X_{it} + \eta_i + \lambda_t + \varepsilon_{it} \quad (5-2)$$

其中，D 为虚拟变量，Z 表示为 $REER$、$OUTFC$ 和 $INFC$ 中的一个或多个指标。当然，式（5-2）只有一个虚拟变量，仅适用于估计二分类的情况，如果类别不止两种，可以按照式（5-2）继续添加虚拟变量。

另外，本章期望进一步研究缓解融资是否能够减轻汇率波动对企业生产率的影响，因此，需要在方程中加入融资约束与汇率波动对企业生产率的乘积项。除此之外，本章多次用到汇率波动与其他变量的乘积形式，具体如式（5-3）所示。

$$TFP_{it} = \beta_0 + \beta_1 REER + \beta_2 REER \cdot Z_{it} + \theta X_{it} + \eta_i + \lambda_t + \varepsilon_{it} \quad (5-3)$$

其中，Z 可以表示为融资约束 $OUTFC$、$INFC$ 和产业集中度 HHI 等指标，例如当 Z 为 $OUTFC$ 时，$REER \cdot Z$ 表示外部融资约束与汇率波动的乘积项，如果 β_1 的系数为正，则表明提高外部流动性可以缓解企业面临的汇率风险。

二、变量选取与描述性统计

（1）企业生产率（TFP）。第四章对企业生产率的计算做了较为详细的讨论，这里选取 OP 方法计算得到的企业生产率。

（2）汇率波动（$REER$）。汇率波动变量的选取较为复杂，名义汇率是汇率交易的直接表示形式，但是由于各国通货膨胀水平不同，不能够反映出货币的真实购买水平，因而需要转换为实际汇率。不同企业的进出口目的地和贸易额存在差异，而每个贸易国都有与之对应的汇率，虽然汇率套利行为会使各国实际汇率趋于一致，但是不能完全消除差异，因而需要以企业与进出口地的贸易额作为权重，对汇率求加权平均，得到企业的实际有效汇率。但是，由于中国工业企业数据库中缺少企业进出口目的地数据，无法计算企业层面的实际有效汇率，因此，这里用国家层面的实际有效汇率来代替。

国家层面实际有效汇率的计算公式如式（5-4）所示。

$$S_t = 100 \times \prod_{k=1}^{n} \left(\frac{e_{kt}}{e_{k0}} \frac{P_{CHt}}{P_{kt}} \right)^{w_{kt}} \qquad (5-4)$$

其中，S_t 表示 t 时期我国实际有效汇率，e_{kt} 表示 t 时期我国与 k 国的名义汇率，与之对应，e_{k0} 表示我国与 k 国基期的名义汇率。P_{kt} 和 P_{CHt} 分别表示 k 国与我国 t 期的居民消费价格指数。w_{kt} 表示 t 期我国与 k 国的贸易额占全部贸易额的比重。

根据式（5-4），得到国家层面实际有效汇率 S_t 的基期值为 100，实际汇率上升表示人民币升值，下降表明人民币贬值。接下来计算实际有效汇率的波动，计算汇率波动的方法主要有对数收益率法、GARCH 方法（Driver, Temple & Urga, 2005）和标准偏差方法（Ghosal & Loungani, 2000）。对数收益率法较为简单，另外，GARCH 方法的检验表明汇率波动不存在异方差，因而不需要采用 GARCH 方法。标准偏差方法需要估计实际有效汇率的自回归模型，如式（5-5）所示。其中 S_t 为实际有效汇率，T 为时间趋势，S_{t-i} 为汇率滞后期，ε_t 代表了实际汇率与均值的偏差，即汇率波动。分别对每年月度汇率波动求标准差即可构建年度汇率波动指标。

$$S_t = \beta_0 + \beta_1 T + \sum_{i=1}^{n} \alpha_i S_{t-i} + \varepsilon_t \qquad (5-5)$$

(3) 融资约束（INFC 和 OUTFC）。本章将企业面临的融资约束分为自身和外部两种情况，内部融资约束指企业因自身现金流动性限制引起的融资困难，这里用企业现金流规模占资产总计的比重表示（阳佳余，2012），其值越小，代表企业面临的融资约束越严重。外部融资约束指企业不能够通过银行等金融机构筹集到所需资金，这里用利息支出占固定资产的比重表示，其值越小代表企业面临的外部融资约束越严重。

(4) 规模（SCALE）。企业规模用销售产值的对数表示。

(5) 盈利能力（PROFIT）。企业盈利能力采用利润占销售收入的比重表示。

(6) 资本密集度（CAPINT）。企业资本密集度采用人均固定资产占有率的对数表示，其值越大表示资本密集度越大。

(7) 管理水平（MANAGE）。企业管理水平用主营收入与资产总计之比表示，其值越大表示管理水平越高。

我国实际有效汇率的数据来自国际清算银行。企业现金流、资产总计、利息支出、固定资产、企业销售量、主营业务利润、企业劳动人数等指标均来自《中国工业企业数据库 1999~2013》。

三、描述性统计分析

表 5-1 显示了实证分析中用到的基本变量的描述性统计结果，同时，按照国有企业、民营企业和外资企业将样本分成三类，以便对各类企业特征进行比较。[①] 从表 5-1 可以看出民营企业的数量远远大于国有企业和外资企业，这表明民营企业已成为我国工业的主体。第四章已经比较过三类

---

① 工业企业数据库中将企业按控股情况分为国有控股、集体控股、私人控股、港澳台控股、外资控股和其他。这里将国有控股和集体控股设为国有企业，私人控股设为民营企业，港澳台控股和外资控股设为外资企业，省略了其他企业。

第五章 汇率波动、融资约束对企业生产率影响的实证分析

企业的生产率,这里不再赘述。从融资情况看,无论是内部融资还是外部融资,民营企业明显高于国有企业和外资企业,这似乎与实际情况相悖。一方面,国有企业效益不如民营企业,现金流少,因而受到更多的内部融资约束;另一方面,这主要与融资约束指标的选取有关,国有企业经常受到财政补贴,因而利息支出少。相反,民营企业则主要依靠融资来筹集资金。国有企业的平均年龄达 20 年,远大于民营企业和外资企业,同时,其人均资本密度在三类企业中也最大。但是国有企业的经营状况却不如其他两类企业,其平均盈利水平为负数,销售规模同样排在最后。民营企业虽然规模不如外资企业大,但是盈利能力却超过了外资企业,表明民营企业产品附加值更高,但两者总体相差不大。在对三类企业的管理水平进行比较时,发现民营企业的管理水平要远高于其他两类企业。

表 5-1 主要变量的描述性统计

变量	样本	均值	标准差	最大值	最小值
TFP	1694949	5.215	0.873	9.413	-0.956
国有	222803	4.635	1.116	9.112	-0.956
民营	779755	5.392	0.780	9.298	1.778
外资	163970	5.300	0.800	9.413	2.098
$OUTFC$	1694949	0.185	0.297	19.366	-12.766
国有	222803	0.115	0.217	11.409	-2.085
民营	779755	0.244	0.361	19.366	-12.766
外资	163970	0.144	0.223	13.943	-4.094
$INFC$	1666220	0.052	0.159	37.000	-24.519
国有	219906	0.038	0.122	11.646	-2.500
民营	758615	0.062	0.179	21.231	-24.519
外资	160467	0.034	0.194	37.000	-15.491
$SCALE$	1694949	10.312	1.148	14.254	5.112
国有	222803	9.871	1.414	14.254	5.112

续表

变量	样本	均值	标准差	最大值	最小值
民营	779755	10.555	1.086	14.225	6.795
外资	163970	10.700	1.081	14.219	6.842
PROFIT	1694949	0.038	0.135	1.000	-32.711
国有	222803	-0.016	0.284	1.000	-32.711
民营	779755	0.056	0.082	1.000	-4.383
外资	163970	0.046	0.102	0.999	-2.885
CAPINT	1694949	3.737	1.176	9.413	-2.115
国有	222803	3.924	1.157	9.413	-1.605
民营	779755	3.814	1.158	9.029	-1.598
外资	163970	3.772	1.298	9.342	-2.115
MANAGE	1694949	2.341	3.136	224.168	-0.049
国有	222803	1.213	2.238	99.379	-0.049
民营	779755	3.052	3.754	224.168	0.010
外资	163970	1.897	2.398	103.403	0.015
AGE	1694949	10.374	11.779	64.000	1.000
国有	222803	20.330	14.810	64.000	1.000
民营	779755	8.516	6.824	64.000	1.000
外资	163970	8.679	5.076	61.000	1.000
REER	15	0.011	0.003	0.018	0.007
S	15	4.564	0.077	4.717	4.468

资料来源：根据中国工业企业数据库1999~2013年数据整理。

表5-2显示了出口企业与非出口企业的对比情况。非出口企业的数量远远大于出口企业，且年龄略大于出口企业，然而两类企业的经营指标却较为接近。出口企业的生产率、外部融资约束和企业规模高于非出口企业，而非出口企业在内部融资约束、资本密度和管理水平方面具有一定优势，两类企业的平均盈利差异很小。

表 5-2 出口企业与非出口企业基本情况对比

变量	出口企业	非出口企业
N	434954	1130874
TFP	5.259	5.195
$OUTFC$	0.134	0.189
$INFC$	0.052	0.049
$SCALE$	10.468	10.133
$PROFIT$	0.035	0.036
$CAPINT$	3.488	3.809
$MANAGE$	1.927	2.354
AGE	9.858	10.645

资料来源：根据中国工业企业数据库1999~2013年数据整理。

第二节 汇率波动、融资约束对企业生产率影响的估计结果

一、全样本估计结果分析

计量模型的基本假设是解释变量之间不相关，本章选取的企业行为变量主要是主营收入、利润、资本等指标，因而可能存在相关性，导致估计结果不可靠，为此，需要对其进行检验。表5-3显示了解释变量的相关系数矩阵，可以看出，除了外部融资约束 $OUTFC$ 和企业管理水平 $MANAGE$ 相关系数较大外，其他解释变量的相关系数均低于0.4，因而相关程度较低，可以认为不存在多重共线性。

表 5-3　解释变量间的自相关系数矩阵

变量	OUTFC	INFC	REER	SCALE	PROFIT	CAPINT	MANAGE
OUTFC	1.000						
INFC	0.029	1.000					
REER	0.010	-0.029	1.000				
CALE	0.246	0.080	-0.095	1.000			
PROFIT	0.326	-0.017	0.029	0.208	1.000		
CAPINT	0.002	-0.120	0.090	0.199	0.037	1.000	
MANAGE	0.613	0.075	0.010	0.295	0.097	-0.201	1.000

资料来源：根据相关资料整理。

本章研究的对象为汇率波动、融资约束与企业生产率，通过表 5-3 可以知道汇率波动变量与内外部融资约束变量不相关，且内部融资约束和外部融资约束间的相关程度也较弱，接下来可以分别研究其对企业生产率的影响。表 5-4 显示了汇率波动、融资约束对企业生产率影响的回归结果。由于采用的是面板数据，因而可以控制企业的固定效应，从第四章的分析可知，不同行业和地区的企业平均生产率同样存在差异，因而这里分别对行业效应和地区效应进行控制，以使估计结果更为可靠。另外，由于 MANAGE 与 OUTFC 的相关性较高，因而模型 1 至模型 3 中的控制变量中包含了 MANAGE，而模型 4 至模型 6 中将其去除后重新估计。

表 5-4　汇率波动、融资约束与企业生产率全样本估计结果

变量	模型 1	模型 2	模型 3	模型 4	模型 5	模型 6
REER	-6.377*** (-95.05)		-6.236*** (-93.38)	-5.725*** (-83.41)		-5.652*** (-82.89)
OUTFC		-0.051*** (-38.95)	-0.052*** (-39.87)		0.089*** (77.26)	0.090*** (78.54)
INFC		0.166*** (95.78)	0.167*** (96.63)		0.172*** (97.34)	0.173*** (98.11)

第五章　汇率波动、融资约束对企业生产率影响的实证分析

续表

变量	模型1	模型2	模型3	模型4	模型5	模型6
SCALE	0.786*** (201.89)	0.785*** (200.68)	0.782*** (199.50)	0.819*** (218.76)	0.809*** (210.13)	0.807*** (210.21)
PROFIT	0.167*** (68.45)	0.205*** (79.07)	0.210*** (81.09)	0.161*** (64.24)	0.105*** (40.32)	0.108*** (41.41)
CAPINT	-0.081*** (-23.36)	-0.083*** (-248.17)	-0.077*** (-227.68)	-0.096*** (-287.55)	-0.096*** (-288.91)	-0.091*** (-270.12)
MANAGE	0.028*** (236.71)	0.030*** (218.65)	0.030*** (222.98)			
行业效应	是	是	是	是	是	是
地区效应	是	是	是	是	是	是
观测值	1666162	1666162	1666162	1666162	1666162	1666162
R^2	0.7558	0.7568	0.7526	0.7310	0.7335	0.7293
固定效应	是	是	是	是	是	是

注："***"表示在1%的显著性水平下显著,"**"表示在5%的显著性水平下显著,"*"表示在10%的显著性水平下显著。

资料来源：根据相关资料整理。

从模型1的结果可知，加入控制变量后汇率波动的系数显著为负数，这验证了汇率波动不利于企业生产率提高的猜想。模型2中内部融资约束的系数为正，表明内部融资约束的改善可以提高企业生产率。模型3考虑了所有解释变量和控制变量对企业生产率的影响，汇率波动和内部融资约束的系数较为稳定，与模型1和模型2中的系数相差很小。但是在模型2和模型3中，外部融资约束的系数为负数，表明外部融资约束增加会使企业生产率提高，这似乎与理论相悖。在表5-3解释变量的相关系数矩阵中，虽然大部分解释变量间的相关系数很低，但是外部融资约束和企业管理水平的相关系数却达到0.613，它们之间存在多重共线性，这可能是导致外部融资约束符号改变的原因。当模型5和模型6中去除企业管理水平这一控制变量后，外部融资约束系数变成正数，且显著不为零，与理论相符，同时汇率波动和内部融资约束的系数仍然稳定。

企业规模、盈利能力和资本密集度这三个控制变量的系数在 6 个模型中均显著不为零，且符号一致。其中，企业规模的符号为正，表明我国工业企业中普遍存在规模效应，企业规模扩大有利于促进生产率提高，这与第四章的分析一致。盈利能力对企业生产率的影响同样为正，表明盈利能力强的企业有资金进行科技创新投入。资本密集度的符号却为负，说明资本投入过多反而不利于生产率提升。

二、分组估计结果分析

1. 按企业所有权分组估计结果

从表 5-1 的描述性统计中可知，不同所有权企业在生产率、内外部融资约束和企业盈利等方面存在较大差异，而全样本回归结果可能会忽略这种差异，因此，本书将全部样本分成国有企业、民营企业和外资企业进行回归，如表 5-5 所示。从回归结果看，三类企业汇率波动的系数均为负数，内外部融资约束的系数均为正，这与前面的估计结果一致，说明无论对于国有企业、民营企业还是外资企业，汇率波动加大都会引起其生产率降低，而融资约束的缓解能促进生产率增长。然而，三类企业中汇率波动和融资约束系数值的大小却相差较大，如国有企业汇率波动估计值为 -2.719，而外资企业的估计值达 13.226。这直观上表明汇率波动对外资企业生产率的负面影响更大，但是汇率波动的系数是在三个独立模型中，其系数可能是由于其他控制变量的不同而引起的，无法直接比较。

为了比较不同所有制企业的生产率对汇率波动和融资约束的敏感性，分别定义虚拟变量 $D1$ 和 $D2$，具体形式如式（5-6）所示。

$$\begin{cases} D1 = 1 & 民营企业 \\ D2 = 1 & 外资企业 \\ 其他 & 国有企业 \end{cases} \quad (5-6)$$

令 $D1REER = D1 \cdot REER$，$D2REER = D2 \cdot REER$，回归后，通过

第五章 汇率波动、融资约束对企业生产率影响的实证分析

$D1REER$ 和 $D2REER$ 的系数就可以直接比较不同所有权企业生产率对汇率波动的敏感度。同理,可以生成内部融资约束和外部融资约束的虚拟变量 $D1INFC$、$D2INFC$ 和 $D1OUTFC$、$D2OUTFC$。

在表 5-5 的模型 1 中主要关心 $REER$、$D1REER$ 和 $D2REER$ 的系数,其中 $REER$ 代表了国有企业生产率对汇率波动反应的敏感度,以其作为基准,$D1REER$ 系数与 $REER$ 的系数之和代表民营企业对汇率波动的敏感度,外资企业与之类似。由于其他变量的系数都一致,因而可以直接比较三类企业的汇率波动敏感度。据此可以推出,国有企业生产率受汇率波动的负面影响最小,民营企业次之,外资企业受到的负面影响最大。一般情况下,国有企业受到中央政府或者地方政府的扶植,有稳定的技术创新投资来源,即使其相对经济效益不高,仍然能够承担一定的汇率风险,另外,国有企业与民营企业和外资企业相比,产品以国内市场为主,出口占比不高,汇率波动对国有企业需求影响相对较小,因而资源配置效率受汇率影响也小。外资企业在华设厂的根本原因是我国制造成本较低,其产品更多的是出口到其他国家,因而更依赖稳定的外汇市场环境。当汇率波动增大时,其产品出口的风险加大,为了减少风险,它们会减少企业的投资,甚至缩减产量。减少的投资使物化生产率降低,而规模缩小使规模效率降低,如果汇率波动持续加大,其可能会退出中国市场。民营企业是我国工业企业的主体,没有国有企业特殊的背景,因而受汇率波动的影响大于国有企业,但比外资企业少了很多外贸中间成本,承受汇率波动的能力高于后者。

从表 5-5 模型 2 的融资情况来看,国有企业生产率对外部融资约束最为敏感,国有企业有政府作为担保,因而其借贷较为容易,生产率提高所需的技术创新投入、先进技术设备购置等更多依赖外部融资,因而对外部融资约束较为敏感。相反,民营企业和外资企业在市场中面临着严峻的竞争形势,因而必须提高盈利能力,通过内部融资来进行技术创新投入,因此,其生产率对外部融资约束敏感度没有国有企业高,从模型 2 中可以看出两者间的外部融资约束差异较小。通过模型 3 可以比较三类企业的内部

融资约束状况，与外部融资约束情况结论一致，即国有企业生产率对内部融资约束不敏感，而民营企业生产率却十分依赖内部融资，内部融资约束每上升 1 单位，会导致生产率下降 0.189。许多研究表明民营企业存在融资难的问题，因而需要开展金融创新，增加融资渠道来改善民营企业融资状况，但是本章的结果却表明无论国有企业还是民营企业，都存在融资约束，且国有企业对外部融资更加依赖，因此，国有企业融资同样不容忽视。

表 5-5 汇率波动、融资约束与企业生产率按所有制分组的估计结果

变量	国有	民营	外资	模型 1	模型 2	模型 3
REER	-2.719*** (-11.32)	-8.248*** (-88.94)	-13.226*** (-61.71)	-1.851*** (-13.40)	-6.566*** (-96.63)	-6.568*** (-94.65)
D1REER				-5.346*** (-32.47)		
D2REER				-10.920*** (-47.09)		
OUTFC	0.065*** (13.80)	0.089*** (58.12)	0.066*** (12.04)	0.091*** (79.21)	0.118*** (60.24)	0.090*** (78.34)
D1OUTFC					-0.034*** (-16.32)	
D2OUTFC					-0.055*** (-13.03)	
INFC	0.147*** (19.01)	0.207*** (83.40)	0.131*** (24.03)	0.170*** (96.53)	0.169*** (96.11)	0.152*** (47.56)
D1INFC						0.037*** (9.99)
D2INFC						-0.033*** (-6.10)

续表

变量	国有	民营	外资	模型1	模型2	模型3
SCALE	0.857*** (69.40)	0.800*** (127.39)	0.780*** (47.62)	0.798*** (199.29)	0.800*** (200.61)	0.800*** (200.50)
PROFIT	0.054*** (13.72)	0.159*** (26.61)	0.212*** (19.24)	0.110*** (42.31)	0.106*** (40.76)	0.109*** (42.21)
CAPINT	-0.081*** (-71.27)	-0.077*** (-151.25)	-0.080*** (-63.87)	-0.092*** (-271.26)	-0.093*** (-273.20)	-0.092*** (-272.89)
行业效应	是	是	是	是	是	是
地区效应	是	是	是	是	是	是
观测值	219893	758615	160467	1666162	1666162	1666162
R^2	0.6903	0.6566	0.5619	0.7250	0.7270	0.7269
固定效应	是	是	是	是	是	是

注:"***"表示在1%的显著性水平下显著,"**"表示在5%的显著性水平下显著,"*"表示在10%的显著性水平下显著。

资料来源:根据相关资料整理。

2. 按进出口分组估计结果

表5-2中出口企业与非出口企业的生产率及经营指标描述性统计差异较小,但是描述性统计能反映各指标的平均水平。在实际生产经营中,出口企业和非出口企业对汇率波动的敏感度、汇率风险承受能力大不相同。汇率对出口企业的作用更为直接,汇率升值使其出口产品价格上升,需求下降,产能不能完全利用,汇率波动增加使出口企业出口风险上升,企业将减少促进效率提高的创新投入。非出口企业受汇率的影响较为间接,绝对的非出口企业甚至完全不受汇率的影响,但现实中非出口企业也通过各种渠道与外界发生联系。一方面,汇率波动通过影响企业进口中间材料价格进而影响企业的配置效率;另一方面,汇率波动引起出口企业生产率发生改变,这会改变在同一产品市场上出口企业与非出口企业的竞争环境,非出口企业向出口企业的技术溢出效应降低。

为了研究出口企业与非出口企业生产率对汇率波动的敏感度，本节首先把全部样本分为非出口企业与出口企业，其次分别估计汇率波动、融资约束的系数。如表5-6所示，汇率波动、融资约束和控制变量的估计值都在1%显著性水平下显著不为零。无论是内部融资约束还是外部融资约束均可以制约两类企业生产率的提高。汇率波动每增加1单位，将导致非出口企业生产率下降3.975，出口企业生产率降低-9.060，直观上看，汇率波动对出口企业生产率影响更大，但与按企业所有制划分样本的情况类似，由于汇率波动的系数在两个模型中，其他参数不固定，不能直接比较。为此，设立出口虚拟变量D，具体形式如式（5-7）所示。

$$\begin{cases} D=1 & 出口企业 \\ D=0 & 非出口企业 \end{cases} \tag{5-7}$$

令 $DREER = D \cdot REER$ 表示汇率波动出口虚拟变量，通过其系数大小可以比较出口企业和非出口企业对汇率波动的敏感程度，类似可以生成 $DOUTFC$ 和 $DINFC$ 来比较融资约束对两类企业影响的差异。

表5-6 汇率波动、融资约束与企业生产率按进出口分组的估计结果

变量	非出口	出口	模型1	模型2	模型3
$REER$	-3.975*** (-48.38)	-9.060*** (-67.74)	-3.769*** (-46.78)	-5.410*** (-78.53)	-5.399*** (-78.37)
$DREER$			-5.751*** (-39.08)		
$OUTFC$	0.079*** (59.66)	0.085*** (23.95)	0.083*** (67.72)	0.083*** (65.21)	0.083*** (67.72)
$DOUTFC$				-0.007*** (-2.88)	
$INFC$	0.150*** (65.66)	0.211*** (58.61)	0.165*** (88.39)	0.165*** (88.36)	0.154*** (70.52)

续表

变量	非出口	出口	模型1	模型2	模型3
$DINFC$					0.036*** (9.49)
$SCALE$	0.801*** (167.24)	0.793*** (92.44)	0.799*** (197.91)	0.800*** (197.52)	0.800*** (197.58)
$PROFIT$	0.110*** (38.56)	0.165*** (24.16)	0.119*** (46.11)	0.120*** (46.40)	0.120*** (46.26)
$CAPINT$	-0.095*** (-222.09)	-0.090*** (-128.53)	-0.094*** (-265.44)	-0.094*** (-265.07)	-0.094*** (-265.10)
行业效应	是	是	是	是	是
地区效应	是	是	是	是	是
观测值	1130017	430901	1560919	1560919	1560919
R^2	0.6919	0.6818	0.7065	0.7056	0.7055
固定效应	是	是	是	是	是

注:"***"表示在1%的显著性水平下显著,"**"表示在5%的显著性水平下显著,"*"表示在10%的显著性水平下显著。

资料来源:根据相关资料整理。

表5-6模型1中$DREER$的系数为-5.751,且在1%的显著性水平下显著不为零,汇率波动每增加1单位,出口企业生产率受到的负面影响比非出口企业多5.751,与理论分析结果一致。模型2主要关注外部融资约束对两类企业生产率的影响,$DOUFC$的值为-0.007,表明出口企业生产率更易受融资约束的影响,但是差异较小。模型3中$DINFC$的系数为0.036,表明出口企业生产率受内部融资约束的影响程度更大。出口企业多数为加工贸易企业,产品周转率是衡量生产率的重要指标,而企业只有具有较高的现金流,才能够加快产品周转,充分利用生产资源,因而受内部融资约束更强。非出口企业则更多依靠外部融资来进行研发投入,提高生产率。

3. 按地区分组估计结果

我国东、中、西部地区之间在地理环境、经济发展水平、产业结构等方面存在较大差异,企业所处的地理条件、金融发展程度等都会对企业造成一定的影响。处于东部沿海地区的企业,与外部接触的机会多,因而可能受到汇率等变量的影响,而处于内陆的企业,汇率对其作用的传导路径更长,受到的影响可能更小。东部地区金融发展程度远远高于西部,东部的企业受到的融资约束可能也更小。为了研究企业所处不同地理位置下,汇率波动与融资约束对企业作用程度是否会发生变化,按照企业所处的省份划为东、中、西部,其中东部包括辽宁、北京、天津、河北、山东、江苏、上海、浙江、福建、广东、广西、海南12个地区。中部包括山西、内蒙古、吉林、黑龙江、安徽、江西、河南、湖北、湖南9个地区。西部包括陕西、甘肃、青海、宁夏、新疆、四川、重庆、云南、贵州、西藏10个地区。将样本划分为东、中、西部并分别对其系数进行估计,这样可以直观地了解各地区汇率波动、融资约束对企业生产率的影响。然而,这里更关心东、中、西部之间汇率波动和融资约束的作用程度是否相同。同理,需要对其他变量的系数进行控制,才能直接比较各地区间的差异。为此,建立虚拟变量 $D1$ 和 $D2$,具体形式如式(5-8)所示。

$$\begin{cases} D1 = 1 & 中部地区 \\ D2 = 1 & 西部地区 \\ 其他 & 东部地区 \end{cases} \quad (5-8)$$

分别令 $D1$ 和 $D2$ 与 $REER$ 相乘,得到 $D1REER$ 和 $D2REER$。通过比较回归结果 $D1REER$、$D2REER$ 与 $REER$ 的系数就可以判断东、中、西部地区汇率波动对企业生产率影响的差异。同理,可以比较外部融资约束和内部融资约束的差异。

表5-7显示了东、中、西部地区汇率波动、融资约束对企业生产率影响的估计结果,通过前三个模型可知,汇率波动对企业生产率的影响显著为负,各地区的企业都存在内外部融资约束情况,这与本章前面的估计结果

一致。模型 1 中 $REER$ 的系数 -5.944 为东部地区汇率波动的影响程度，$D1REER$ 的系数为 1.401，因而中部地区汇率波动的影响为 $-5.944+1.401=-4.543$。同理，西部地区汇率波动的影响大小为 -5.135，因此可以得出汇率波动对东部企业生产率的影响程度最大，西部次之，中部最小的结论。模型 2 主要研究不同地区企业生产率对外部融资约束的敏感性，东、中、西部融资约束每上升 1 单位分别导致生产率下降 0.090、0.094 和 0.07，这表明西部生产率受外部融资约束的影响较小，东部次之，中部企业受到的影响最大，但需要注意的是 $D1OUTFC$ 的系数仅在 10% 显著性水平下显著不为零。究其原因，可能是东部和中部地区企业更多依靠外部融资来进行研发投入，提高生产率。西部地区企业生产率则较少依靠技术创新投入，更多依赖配置效率的提升。同理，可以得出中部企业生产率受内部融资约束的影响最小，西部次之，而对东部的影响依然最大的结论。

表 5-7 汇率波动、融资约束与企业生产率分地区估计结果

变量	东部	中部	西部	模型 1	模型 2	模型 3
$REER$	-5.956*** (-77.42)	-4.896*** (-28.25)	-4.453*** (-16.61)	-5.944*** (-76.51)	-5.652*** (-82.88)	-5.649*** (-82.86)
$D1REER$				1.401*** (7.82)		
$D2REER$				0.809*** (3.11)		
$OUTFC$	0.093*** (65.44)	0.094*** (42.64)	0.058*** (12.25)	0.090*** (78.36)	0.090*** (64.65)	0.091*** (79.01)
$D1OUTFC$					0.004* (1.66)	
$D2OUTFC$					-0.020*** (-4.40)	

续表

变量	东部	中部	西部	模型1	模型2	模型3
$INFC$	0.193*** (94.29)	0.116*** (29.94)	0.141*** (18.02)	0.173*** (98.11)	0.173*** (98.07)	0.192*** (92.81)
$D1INFC$						-0.079*** (-18.68)
$D2INFC$						-0.031*** (-4.02)
$SCALE$	0.804*** (176.39)	0.805*** (96.27)	0.837*** (59.82)	0.807*** (210.14)	0.807*** (210.98)	0.807*** (210.28)
$PROFIT$	0.102*** (29.02)	0.127*** (27.13)	0.054*** (7.13)	0.107*** (41.25)	0.108*** (41.54)	0.107*** (41.17)
$CAPINT$	-0.092*** (-235.01)	-0.088*** (-109.96)	-0.099*** (-77.74)	-0.091*** (-270.15)	-0.091*** (-2270.06)	-0.091*** (-270.08)
行业效应	是	是	是	是	是	是
地区效应	是	是	是	是	是	是
观测值	1216301	314877	134984	1666162	1666162	1666162
R^2	0.6871	0.7512	0.7077	0.7328	0.7330	0.7300
固定效应	是	是	是	是	是	是

注："***"表示在1%的显著性水平下显著,"**"表示在5%的显著性水平下显著,"*"表示在10%的显著性水平下显著。

资料来源：根据相关资料整理。

从表5-7估计结果可知，汇率波动对东、中、西部企业生产率的影响程度不同，而这背后至少有两种解释。第一，汇率波动对东部地区企业生产率的影响更大，仅仅是因为东部地区出口企业数量更多，因此，出口企业分布结构不同才是引起东、中、西部对汇率波动反应不同的原因，而不是东、中、西部的地理、经济环境引起的。第二，东部沿海地区与外界接触更多，即使非出口企业也与出口企业有经营往来，且面临更多的外部竞争,因而更易受到汇率的冲击。为了验证上述两个方面的原因,本节把全部样本企业分成进口企业和出口企业,同时考虑东、中、西部汇率波动引起的差异,估计结果如表5-8所示。

表5-8 汇率波动、融资约束与企业生产率分进出口情况下地区比较估计结果

变量	非出口	出口
REER	-4.330*** (-45.05)	-9.137*** (-65.88)
D1REER	0.944*** (4.55)	0.461 (0.81)
D2REER	2.030*** (7.00)	2.946*** (2.92)
OUTFC	0.079*** (59.55)	0.085*** (23.94)
INFC	0.150*** (65.66)	0.211*** (58.62)
SCALE	0.801*** (167.31)	0.793*** (92.40)
PROFIT	0.110*** (38.48)	0.164*** (24.14)
CAPINT	-0.095*** (-222.12)	-0.090*** (-128.52)
行业效应	是	是
地区效应	是	是
观测值	1130017	430901
R^2	0.6939	0.6815
固定效应	是	是

注:"***"表示在1%的显著性水平下显著,"**"表示在5%的显著性水平下显著,"*"表示在10%的显著性水平下显著。

资料来源:根据相关资料整理。

从非出口企业的估计结果来看,东、中、西部企业生产率对单位汇率波动的响应值依次为-4.330、-3.386和-2.3,因此,西部非出口企业受汇率波动的影响程度要小于东部和中部。对于出口企业的估计结果,$D1REER$系数的值不显著,表明中部和东部出口企业间受汇率波动影响不存在差异,西部出口企业受汇率波动的影响同样显著小于东部企业。这与全样本的估计结果大不相同,一方面,这否认了东、中、西部汇率波动对企业生产率的影响差异是由出口企业分部不均衡引起的;另一方面,各地区非出口企业通过与出口企业的联系而受到汇率波动影响。

4. 按行业竞争度分组估计结果

我国工业包括采矿业,制造业,电力、热力、燃气及水生产和供应业等行业,[①] 不同行业企业数量、规模都存在较大差异。行业集中度指某行业中前几家最大企业所占市场份额的大小,反映了该行业市场结构的集中程度,如电力、热力、燃气带有明显的自然垄断性质,该行业的企业数量少,规模较大。同时由于竞争度较低,企业自主创新的动力不足,因而生产率增长缓慢,但正是由于竞争不激烈,该行业中的企业生产率抵抗外部冲击的能力更高。制造业是我国工业的主体,工业企业数据库中制造业占比达90%以上,按照2位代码,制造业又可以细分为食品制造业,烟草制品业,纺织业,汽车制造业,计算机、通信和其他电子设备制造业等39个行业。其中,食品制造业、纺织业竞争较为激烈,企业数量多且规模接近,行业集中度高,而烟草制品业属于典型的垄断性行业,行业集中度较高。另外,在某些行业中,其行业竞争度也在随着时间的变化而改变,一般情况下,行业包括生长期、发展期、成熟期和衰退期四个阶段,处于成熟期的行业竞争最为激烈,由于行业发展相对完善,企业利润处于行业平均水平,市场价格透明度高、企业间产品相似度高,因而企业只有通过创新才能继续发展。

行业集中度体现了市场的竞争程度,不同竞争水平下,企业掌握的生

---

① 分类标准来自《国民经济行业分类与代码(GB/4754-2011)》。

产资源、创新水平等均不相同。对于行业集中度高的企业，可以充分利用生产资源，提高资源配置效率，同时这类企业具有一定的定价权，能够获得垄断利润，进而有资金进行技术投资，提高生产率。然而，行业内由于竞争度低，企业容易懈怠，导致创新不足，生产率下降。集中度低的行业虽然竞争度较高，企业创新意愿强烈，但却存在两种情况：一种是处在产业链底端、科技含量低的行业，行业内部竞争充分，该行业内的企业主要以加工为主，很难通过创新来提高生产率，只有通过市场整合提高规模效率；另一种是处在产业链中、上端，依靠创新的行业，行业内企业通过技术创新可以大幅提高生产率，但是企业资源有限，缺乏创新所需资金。

除此之外，其他影响企业生产率的因素在不同行业集中度下的效应也将发生变化。前文实证结果表明了汇率波动将导致企业生产率下降，对于行业集中度高的企业，其规模一般较大，抗汇率风险能力较强，汇率波动对其技术创新投入影响很小。同时其具有一定的定价权，能冲抵一部分汇率波动引起的价格变化，因而在集中度高的行业，汇率波动对企业生产率的负面影响较小。从融资角度看，融资约束导致企业研发投入不足，阻碍了生产率提高，在集中度高的行业，企业具有一定的垄断性质，一方面，其具有垄断利润，盈利能力较强，现金流充分，因而可以降低内部融资约束对企业生产率的负面效果；另一方面，我国银行等金融机构出于风险考虑，为了降低不良贷款率，倾向于把资金借贷给大型工业企业，大多数为集中度高的行业，因此，高集中度行业中企业外部融资约束对企业生产率的影响也较弱。相反，低集中度行业中的企业竞争激烈，企业差异性不大，盈利处于行业平均水平，容易恶化内部融资约束对生产率的作用。银行对其贷款更加苛刻，会扩大外部融资约束的负面效果。

为了估计行业集中度及其与汇率波动、融资约束对企业生产率的共同作用，本节需要准确估计行业集中度。目前常用的计算行业集中度的指标有行业集中率指数（CRn）和赫尔芬达尔—赫希曼指数（HHI）、基尼系数和熵指数等。由于赫尔芬达尔—赫希曼指数具有数学上的绝对法和相对法的优点,本章采用它来计算工业行业的集中度,计算公式如式(5-9)所示。

$$HHI_{it} = \sum_{n=1}^{N}(X_{itn}/X_{it})^2 = \sum_{n=1}^{N}S_{itn}^2 \tag{5-9}$$

其中,X_{it} 为 t 年行业 i 的总销售规模,X_{itn} 为行业 i 中企业 n 在 t 年的销售规模,N 为行业中企业数量,S 为某个企业的市场占有率。由式(5-9)可以得出,如果行业中只有一个企业,那么其 HHI 指数的值为 1,如果行业中有 n 个规模相同的企业,随着 n 趋于无穷大,HHI 指数的值将变成 0,一般情况下,HHI 指数处于 0 和 1 之间,且其值越大,代表行业集中度越高。

表5-9显示了2位行业代码的 HHI 值,整体上我国工业行业的集中度较低,大多数行业的 HHI 值小于 0.001,表明工业企业数量较多,竞争较为充分。集中度最高的行业代码为 11,即开采辅助活动,垄断程度较高的行业还有其他采矿业、石油和天然气开采业、烟草制品业和燃气生产与供应业。当然,这只是初步统计,为了估计行业 HHI 指数是否会改变汇率波动和融资约束对企业生产率的影响,令 HHI 分别与 REER、OUTFC、INFC 相乘,计算其交互影响,估计结果如表5-10所示。

表5-9 工业行业 HHI 指数

2位行业代码	HHI 指数	2位行业代码	HHI 指数	2位行业代码	HHI 指数
6	0.10×10^{-2}	20	0.11×10^{-2}	34	0.04×10^{-2}
7	5.79×10^{-2}	21	0.18×10^{-2}	35	0.03×10^{-2}
8	0.26×10^{-2}	22	0.08×10^{-2}	36	0.06×10^{-2}
9	0.35×10^{-2}	23	0.14×10^{-2}	37	0.06×10^{-2}
10	0.24×10^{-2}	24	0.16×10^{-2}	38	0.02×10^{-2}
11	19.80×10^{-2}	25	0.40×10^{-2}	39	0.04×10^{-2}
12	2.18×10^{-2}	26	0.03×10^{-2}	40	0.07×10^{-2}
13	0.04×10^{-2}	27	0.10×10^{-2}	41	0.16×10^{-2}
14	0.10×10^{-2}	28	0.45×10^{-2}	42	0.15×10^{-2}

第五章　汇率波动、融资约束对企业生产率影响的实证分析

续表

2位行业代码	HHI 指数	2位行业代码	HHI 指数	2位行业代码	HHI 指数
15	0.16×10^{-2}	29	0.14×10^{-2}	43	0.40×10^{-2}
16	3.30×10^{-2}	30	0.04×10^{-2}	44	0.14×10^{-2}
17	0.02×10^{-2}	31	0.03×10^{-2}	45	1.46×10^{-2}
18	0.05×10^{-2}	32	0.11×10^{-2}	46	0.28×10^{-2}
19	0.10×10^{-2}	33	0.11×10^{-2}		

资料来源：根据相关资料整理。

表5-10　行业竞争度与企业生产率的估计结果

变量	模型1	模型2	模型3	模型4	模型5	模型6
HHI	0.048*** (60.13)	0.045*** (56.74)	−0.01 (−0.43)	0.048*** (58.12)	0.045*** (56.59)	−0.001 (−0.31)
REER		−5.668*** (−83.24)	−5.894*** (−84.47)	−5.667*** (−83.24)	−5.668*** (−83.25)	−5.914*** (−84.74)
HHIREER			3.700*** (14.80)			4.033*** (16.05)
OUTFC		0.089*** (77.20)	0.089*** (77.12)	0.091*** (78.38)	0.089*** (77.18)	0.091*** (78.51)
HHIOUTFC				0.004*** (4.99)		−0.011*** (−15.06)
INFC		0.172*** (97.45)	0.172*** (97.52)	0.171*** (97.35)	0.173*** (96.42)	0.173*** (96.26)
HHIINFC					0.016*** (5.97)	−0.010*** (−3.81)
SCALE	0.823*** (220.43)	0.809*** (210.20)	0.809*** (210.45)	0.808*** (210.56)	0.808*** (210.21)	0.808*** (210.87)
PROFIT	0.150*** (59.71)	0.102*** (39.14)	0.101*** (38.86)	0.101*** (39.03)	0.102*** (39.13)	0.101*** (38.70)

续表

变量	模型1	模型2	模型3	模型4	模型5	模型6
CAPINT	-0.101*** (-308.23)	-0.092*** (-271.40)	-0.092*** (-271.43)	-0.092*** (-271.39)	-0.092*** (-271.34)	-0.092*** (-271.38)
行业效应	是	是	是	是	是	是
地区效应	是	是	是	是	是	是
观测值	1694891	1666162	1666162	1666162	1666162	1666162
R^2	0.7379	0.7325	0.7339	0.7325	0.7326	0.7342
固定效应	是	是	是	是	是	是

注："***"表示在1%的显著性水平下显著,"**"表示在5%的显著性水平下显著,"*"表示在10%的显著性水平下显著。

资料来源：根据相关资料整理。

表5-10中模型1估计了 HHI 指数单独对企业生产率的影响，其系数值为0.048，表明提高行业集中度可以改善企业生产效率。模型2、模型4、模型5中 HHI 系数同样显著为正。模型3和模型6中为负，但是并不显著。通过本章前面的分析可知企业规模 SCALE 是引起企业生产率变动的重要控制变量，企业规模增加可以显著提高生产率。因此，在行业内部，大企业通过收购兼并活动可以增强自己的竞争力，行业的集中度也将随之提高。

模型2估计了汇率波动、融资约束和 HHI 同时对企业生产率的影响，将 HHI 加入模型后，REER、OUTFC 和 INFC 的值发生了一定变化，但是对企业生产率的作用方向与前面实证结果一致，结果较为稳定。模型3至模型5分别估计了 HHI 指数与汇率波动、外部融资约束、内部融资约束对企业生产率的联合影响。其中 HHIREER 的系数值为3.7，HHIOUTFC 对应的系数值为0.004，HHIINFC 对应的系数值为0.016。但是，在模型6中同时研究三者的影响时，HHIOUTFC 和 HHIINFC 系数的符号发生改变，表明在控制行业集中度与汇率波动联合影响后，融资约束与行业集中度的联合影响更为准确。在考虑行业集中度的作用后，汇率波动对企业生产率的影响如式（5-10）所示。

$$\frac{\partial TFP}{\partial REER}=\frac{\partial(-5.894REER)}{\partial REER}+\frac{\partial(3.7HHI\times REER)}{\partial REER} \quad (5-10)$$

$$=-5.894+3.7\cdot HHI$$

式（5-10）表明集中度高的行业可以显著降低汇率波动对企业生产率的影响。HHIOUTFC 对应的系数值为-0.011，单位外部融资约束对企业生产率的影响如式（5-11）所示。

$$\frac{\partial TFP}{\partial REER}=\frac{\partial(0.091OUTFC)}{\partial REER}+\frac{\partial(-0.01HHI\times OUTFC)}{\partial REER} \quad (5-11)$$

$$=0.091-0.011\cdot HHI$$

式（5-11）说明处在高集中度行业中的企业，其生产率受外部融资约束影响较小。同理，考虑行业集中度后，单位内部融资约束对生产率的影响为 0.173-0.01HHI（见表 5-10 中的模型 6），表明随着行业集中度上升，企业生产率对内部融资约束的敏感程度降低。模型 6 同时估计了汇率波动、融资约束、行业集中度及其交互项对企业生产率的影响，除了 HHI 指数的系数不显著外，其他变量的系数均显著，且结果与模型 3 至模型 5 一致。

三、稳健性检验

1. 经济危机的影响

从第四章企业平均生产率走势图可以看出，2008 年以前，企业生产率呈稳步增长的趋势，2008 年经济危机后，企业生产率出现了大幅波动，2008 年前后两个时间段汇率波动、融资约束对企业生产率的作用可能存在差异，因而对此进行稳健性检验，检验结果如表 5-11 所示。在两个时间段的估计结果中，汇率波动对企业生产率的影响都为负，内外部融资约束均会阻碍企业生产率的发展，且所有系数估计值都在 1% 的显著性水平下显著，表明汇率波动、融资约束对企业生产的影响稳健。同时可以看出，2009~2013 年时间段估计结果中汇率波动的系数值为-26.403，远小于 1999~2008 年时间段汇率波动的系数，这在一定程度上也证实了 2008 年后汇率波动幅度加大对企业生产率的危害更为严重。

表 5-11 时间稳健性的估计结果

变量	1999~2008 年	2009~2013 年
REER	-3.846*** (-53.17)	-26.403*** (-135.76)
OUTFC	0.074*** (51.25)	0.115*** (47.10)
INFC	0.104*** (39.99)	0.192*** (59.12)
SCALE	0.788*** (153.13)	0.722*** (63.64)
PROFIT	0.065*** (24.75)	0.145*** (18.14)
CAPINT	-0.104*** (-240.55)	-0.017*** (-23.82)
行业效应	是	是
地区效应	是	是
观测值	1132638	533524
R^2	0.5919	0.6713
固定效应	是	是

注："***"表示在1%的显著性水平下显著，"**"表示在5%的显著性水平下显著，"*"表示在10%的显著性水平下显著。

资料来源：根据相关资料整理。

2. 不同生产率计算方法的稳健性

第四章分别使用最小二乘法（OLS）和 OP 方法估计了我国工业企业生产率，两种方法的结果存在一定差异，OP 方法能够有效解决估计企业生产率时存在的样本选择偏差和同时性偏差，因而估计结果较为准确。但是任何方法都不是绝对的，因而这里分别采用两种方法测度的企业生产率与汇率波动和融资约束进行回归，通过多种方法的比较来验证模型的稳定性。

表5-12显示了用4种不同生产率得出的估计结果，在4种结果中，汇率波动系数均为负，融资约束系数均为正，且均在1%的显著性水平下显著，虽然汇率波动系数的大小存在一定差异，但仍表明企业生产率受到汇率波动冲击和融资约束影响的结果稳健。

表5-12 生产率计算方法的稳健性估计结果

变量	OLS1	OLS2	OP1	OP2
REER	-18.018*** (-207.31)	-24.468*** (-291.23)	-5.652*** (-82.89)	-33.704*** (-303.24)
OUTFC	0.088*** (59.96)	0.101*** (71.22)	0.090*** (78.54)	0.074*** (39.54)
INFC	0.233*** (103.82)	0.149*** (68.43)	0.173*** (98.11)	0.305*** (105.99)
SCALE	0.857*** (175.07)	0.666*** (140.02)	0.807*** (210.21)	0.954*** (152.98)
PROFIT	0.093*** (28.01)	0.114*** (35.62)	0.108*** (41.41)	0.050*** (11.85)
CAPINT	-0.143*** (-332.96)	-0.094*** (-26.93)	-0.091*** (-270.12)	-0.116*** (-210.57)
行业效应	是	是	是	是
地区效应	是	是	是	是
观测值	1666162	1666162	1666162	1666162
R^2	0.6586	0.6187	0.7293	0.6249
固定效应	是	是	是	是

注："***"表示在1%的显著性水平下显著，"**"表示在5%的显著性水平下显著，"*"表示在10%的显著性水平下显著。

资料来源：根据相关资料整理。

3. 不同汇率波动计算方法的稳健性

当然，不同汇率波动计算方法也可能导致结果产生偏差，因而，本节接下来分别采用对数收益率方法和名义有效汇率来进行稳健性检验，结果如表5-13所示，两个方程中汇率波动的系数均显著为负，表明汇率波动对企业生产率影响的结果稳健。

表5-13 汇率波动计算方法的稳健性估计结果

变量	REER1	REER2
REER	-4.338*** (-68.11)	-8.658*** (-121.1)
OUTFC	0.096*** (83.56)	0.099*** (85.85)
INFC	0.171*** (97.26)	0.169*** (96.66)
SCALE	0.804*** (192.84)	0.803*** (1923.42)
PROFIT	0.695×10^{-6}*** (19.96)	0.520×10^{-6}*** (14.97)
CAPINT	-0.092*** (-272.25)	-0.089*** (-266.26)
行业效应	是	是
地区效应	是	是
观测值	1666162	1666162
R^2	0.7280	0.7250
固定效应	是	是

注："***"表示在1%的显著性水平下显著，"**"表示在5%的显著性水平下显著，"*"表示在10%的显著性水平下显著。

资料来源：根据相关资料整理。

第三节 不同融资约束状况下汇率波动对企业生产率的影响

从前文的分析中可知汇率波动会对企业生产率造成负面影响，而存在内部和外部融资约束也会使企业生产率更加恶化，这在一定程度上说明了缓解融资约束可以改善企业生产率下降的状况。汇率波动对企业来说是风险问题，如果汇率升值和贬值的利弊完全冲抵，那么理想情况下汇率波动对企业的影响很小，但实际情况中，金融工具不完善，流动性约束的存在使企业很难规避汇率风险，因而汇率对企业生产率造成冲击。相反，如果企业有足够的流动性，或者能从市场融到资金来应对汇率风险，就可以在一定程度上缓解汇率风险。为了研究放松融资约束能否缓解汇率波动对企业生产率的影响，定义汇率波动与融资约束的交互项，具体形式如式（5-12）和式（5-13）所示。

$$REEROUTFC = REER \times OUTFC \qquad (5-12)$$
$$REERINFC = REER \times INFC \qquad (5-13)$$

将式（5-12）和式（5-13）放入模型，估计结果如表5-14所示。

表 5-14 增加流动性对缓解汇率波动对企业生产率影响的全样本估计结果

变量	模型1	模型2	模型3	模型4
REER	−7.015*** (−98.31)	−6.304*** (−91.74)	−7.664*** (−106.71)	−7.664*** (−106.71)
OUTFC		0.091*** (78.70)		
REEROUTFC	6.711*** (68.45)		6.707*** (68.33)	0.022*** (68.33)

续表

变量	模型1	模型2	模型3	模型4
INFC	0.173*** (98.12)			
REERINFC		12.967*** (85.98)	12.944*** (85.76)	0.023*** (85.76)
SCALE	0.808*** (211.87)	0.807*** (210.89)	0.809*** (211.71)	0.809*** (211.71)
PROFIT	0.117*** (45.27)	0.106*** (40.89)	0.116*** (44.82)	0.116*** (44.82)
CAPINT	-0.091*** (-270.33)	-0.092*** (-272.62)	-0.092*** (-272.87)	-0.092*** (-272.87)
行业效应	是	是	是	是
地区效应	是	是	是	是
观测值	1666162	1666162	1666162	1666162
R^2	0.7294	0.7286	0.7287	0.7287
固定效应	是	是	是	是

注："***"表示在1%的显著性水平下显著,"**"表示在5%的显著性水平下显著,"*"表示在10%的显著性水平下显著。

资料来源:根据相关资料整理。

模型1估计了外部融资约束与汇率波动交互影响对企业生产率的影响,其系数为6.711,且显著不为零,结合REER的系数可知,单位汇率波动引起的企业生产率变化为-7.015+6.711OUTFC,由于OUTFC越大表示受到的外部融资约束越小,因此,改善外部融资约束可以缓解汇率波动对企业生产率的冲击。模型2估计了内部融资约束与汇率波动的交互项对企业生产率的影响,与外部融资约束分析的情况一样,企业生产率受单位汇率波动的影响为-6.304+12.967INFC,表明增加企业内部流动性也可以减轻汇率波动的负面效果。同理,根据模型3可知,同时考虑外部和内部融资约束后,汇率波动对企业生产率的影响大小变为$-7.664+6.707OUTFC+12.944INFC$,结果仍然十分显著。

增加外部融资和内部融资都可以缓解融资约束,但是哪个变量起的作用更大?因为模型3中$REEROUTFC$和$REERINFC$变量未进行标准化处理,不能够直接通过比较其系数的大小来判断。为了比较外部和内部融资约束,首先,对$REEROUTFC$和$REERINFC$按照式(5-14)进行标准化:

$$\tilde{X} = \frac{X - \bar{X}}{\sqrt{\text{var}(X)}} \tag{5-14}$$

其次,重新估计,结果如模型4所示。标准化后,$REEROUTFC$的系数为0.022,$REERINFC$的系数变为0.023,可见内部融资缓解汇率波动对企业生产率冲击的程度大于外部融资,但是差异并不大。

前文在分析汇率波动、融资约束对企业生产率的影响时,发现不同所有权的企业受到的冲击也存在差异。与之类似,企业所有权不同,通过缓解融资约束来减轻汇率波动的负面效果也不一样,因此,本章通过将全部样本分为国有企业、民营企业和外资企业分别进行回归,以便于了解不同所有制下融资可否帮助企业应对汇率风险。另外,由于是分别回归,不能够直接比较融资约束与汇率波动交互项的大小,需要设定企业所有权的虚拟变量,并通过比较其大小来判断(方法与第五章第二节相同,这里不再叙述)。

估计结果如表5-15所示,其中,前三列分别为国有、民营和外资样本企业的估计结果,最后一列是全样本企业的估计结果。从前三列的估计结果可知,汇率波动变量、汇率波动与融资约束交互项、控制变量均显著不为零。由于内外部融资与汇率波动交互项已经做过标准化处理,可以直接比较它们系数的大小,三个估计结果中内部融资约束与汇率波动的交互项均大于外部融资约束与汇率波动的交互项,结合前文分析可知,虽然国有企业、民营企业和外资企业所受到的内、外部融资约束状况存在差异,但是无论是国有企业,还是民营企业、外资企业,缓解其内部融资都可以更好地降低汇率波动对生产率的影响。

表 5-15 增加流动性对缓解汇率波动对企业生产率影响的分所有制估计结果

变量	国有	民营	外资	全样本
$REER$	-3.722*** (-15.01)	-10.720*** (-107.65)	-14.134*** (-62.67)	-7.808*** (-108.65)
$REEROUTFC\_s$	0.015*** (11.30)	0.023*** (52.73)	0.014*** (9.78)	0.043*** (68.31)
$D1ROUTFC$				-0.023*** (-35.54)
$D2ROUTFC$				-0.042*** (-36.16)
$REERINFC\_s$	0.018*** (15.45)	0.026*** (72.08)	0.017*** (20.47)	0.026*** (48.10)
$D1RINFC$				-0.7×10^{-3} (-1.21)
$D2RINFC$				-0.013*** (-15.74)
$SCALE$	0.858*** (70.85)	0.804*** (128.88)	0.782*** (48.88)	0.808*** (211.70)
$PROFIT$	0.056*** (14.19)	0.175*** (29.36)	0.225*** (20.51)	0.109*** (41.61)
$CAPINT$	-0.082*** (-71.80)	-0.078*** (-153.85)	-0.081*** (-64.08)	-0.092*** (-272.07)
行业效应	是	是	是	是
地区效应	是	是	是	是
观测值	219893	758615	160467	1666162
R^2	0.6888	0.6479	0.5611	0.7289
固定效应	是	是	是	是

注:"***"表示在1%的显著性水平下显著,"**"表示在5%的显著性水平下显著,"*"表示在10%的显著性水平下显著。

资料来源:根据相关资料整理。

第五章　汇率波动、融资约束对企业生产率影响的实证分析

通过全样本回归结果可以看出，外部融资约束与汇率波动交互项的系数值为 0.043，虚拟变量的系数值分别为 -0.023 和 -0.042，因而可知国有企业、民营企业和外资企业外部融资约束与汇率波动交互项的系数值分别为 0.043、0.02 和 0.001，这表明缓解外部融资约束对减轻国有企业面临的汇率风险效果最好，民营企业次之，对外资企业几乎不起作用。内部融资约束与汇率波动的交互项的系数值为 0.026，民营企业虚拟变量的系数值为 -0.7×10^{-3}，但是不显著，表明内部融资约束情况与国有企业无差异。外资企业虚拟变量的系数值为 -0.013，因而其内部融资约束与汇率波动的交互项的系数值为 -0.013。因而缓解外资企业内部融资约束对于改善企业汇率风险的作用显著小于国有企业和民营企业。通过前文的分析可知，一方面，融资约束对于外资企业生产率的影响最小，因而增加其流动性对于缓解汇率风险的效果也最弱，国有企业和民营企业受到较多融资约束，缓解其融资约束的效果更加明显；另一方面，外资企业生产率受汇率波动的影响最大，因而控制汇率大幅波动对于外资企业来说意义最大，当不能控制汇率波动时，需要找寻其他缓解其汇率风险的途径。

出口企业产品需求直接受到汇率的影响，据前文分析可知，其生产率对汇率波动的反应也更为敏感。同时，出口企业生产率对内部融资约束也更为敏感。缓解融资约束可以在一定程度上减轻汇率波动对生产率的危害，但是其对出口企业的效果有待深入研究。因此，本章将样本分为出口企业和非出口企业两类，分别估计融资约束与汇率波动的交互项，来判断融资约束对两类企业汇率波动的作用。与前文分析类似，为了对两类企业进行直接比较，需要设定出口的虚拟变量，设定方法与第五章第二节相同，估计结果如表 5-16 所示。其中，对于非出口和出口样本企业的估计结果，内外部融资约束与汇率波动交互项的系数值都为正，表明改善融资环境可以使企业更好地应对汇率风险。其内部融资约束与汇率波动交互项的系数值均大于外部融资，与上文结果一致。通过全样本估计结果，计算得到非出口企业和出口企业外部融资约束与汇率波动

交互项的系数值分别为 0.020 和 0.016。内部融资约束与汇率波动交互项系数的值分别为 0.020 和 0.027，这表明对于非出口企业，改善其外部融资约束可以更好地减轻汇率波动的风险，然而对于出口企业，增加其内部流动性的效果更好。当然，同时缓解企业的内部融资约束和外部融资约束可以在更大程度上减轻汇率对生产率的危害。但是融资手段只能减轻出口企业一部分汇率风险，其他缓解汇率风险的途径还需进一步研究。

表 5-16 增加流动性对缓解汇率波动对企业生产率影响分进出口估计结果

变量	非出口	出口	全样本
REER	-5.623*** (-65.04)	-10.658*** (-75.16)	-7.087*** (-97.80)
REEROUTFC_s	0.017*** (47.44)	0.018*** (17.66)	0.020*** (56.67)
DROUTFC			-0.004*** (-12.62)
REERINFC_s	0.019*** (57.06)	0.030*** (52.42)	0.020*** (62.23)
DRINFC			0.007*** (12.87)
SCALE	0.804*** (168.03)	0.795*** (92.74)	0.802*** (199.11)
PROFIT	0.120*** (42.31)	0.185*** (27.32)	0.131*** (50.79)
CAPINT	-0.095*** (-224.15)	-0.091*** (-129.30)	-0.095*** (-267.34)
行业效应	是	是	是
地区效应	是	是	是

续表

变量	非出口	出口	全样本
观测值	1130017	430901	1560919
R^2	0.6904	0.6811	0.7045
固定效应	是	是	是

注:"＊＊＊"表示在1%的显著性水平下显著,"＊＊"表示在5%的显著性水平下显著,"＊"表示在10%的显著性水平下显著。

资料来源：根据相关资料整理。

汇率波动、融资约束对企业生产率影响的门限效应分析

第一节 门限估计方法介绍

一、门限模型形式

门限效应本质上属于非线性模型,具体形式如式(6-1)所示。

$$y_t = \beta x_t + \theta h(z_t, \gamma) + \varepsilon_t \qquad (6-1)$$

其中,函数 $h(\cdot)$ 反映了模型中的非线性性质,如果 θ 为 0,那么其退化为一般的线性模型。函数 $h(\cdot)$ 有多种形式,如:$h(z_t, \gamma) = (z_t^\gamma - 1)/\gamma$;$h(z_t, \gamma) = \exp(\gamma' z_t)$;$h(z_t, \gamma) = \psi(\gamma' z_t)$,其中 $\psi(\cdot)$ 为 Logistic 函数。对于门限模型,可以表示为 $h(z_t, \gamma) = z_t I(q_t \leq \gamma) + z_t I(q_t > \gamma)$,其中 $I(\cdot)$ 为指示函数。门限模型是将样本以 γ 为界划分成多个部分,其中每一部分仍然是线性的,但是整体上却属于非线性回归。

门限方法可以应用于多种模型中,如在多元线性回归中加入门限函数,则可用于估计多元回归中的门限效应。在自回归模型中加入门限函数,则可研究自回归的非线性情况。同样,可以在面板数据模型中加入门限函数将其扩展为面板门限模型。门限模型的参数值与线性模型中的经济含义一致,一般来说,对于各种门限模型,估计步骤一致,即估计门限值、检验门限效应、估计模型其他参数。由于本章的研究对象为企业的面板数据,因而这里以面板门限模型为例对门限模型的估计方法及检验进行介绍。

二、估计门限值

面板数据模型与一般回归模型最大的区别是模型中包含企业的个体效应,因而处理起来较为困难,线性面板数据模型如式(6-2)所示。

$$y_{it} = \mu_i + \beta x_{it} + \varepsilon_{it} \tag{6-2}$$

其中,μ_i 表示个体固定效应,即每个企业独有的特征,β 为整体上变量 x 对 y 的影响程度,对于每个企业是一样的。然而,在实际样本中可能存在着门限效应,此时非线性面板门限模型为如式(6-3)所示。

$$y_{it} = \mu_i + \beta_1 x_{it} I(q_{it} \leq \gamma) + \beta_2 x_{it} I(q_{it} > \gamma) + \varepsilon_{it} \tag{6-3}$$

其中,$I(\cdot)$ 为指示函数,根据其对样本进行划分,q_{it} 为门限变量,γ 表示门限值。式(6-3)可以写成式(6-4)的形式。

$$y_{it} = \begin{cases} \mu_i + \beta_1 x_{it} + \varepsilon_{it} & q_{it} \leq \gamma \\ \mu_i + \beta_2 x_{it} + \varepsilon_{it} & q_{it} > \gamma \end{cases} \tag{6-4}$$

从式(6-4)中可知,门限变量 q_{it} 将面板模型分成了两部分,企业的个体固定效应 μ_i 与线性面板模型(6-2)中一致,但是对于 $q_{it} \leq \gamma$ 的样本,变量 x 对 y 的影响系数变为 β_1,对于 $q_{it} > \gamma$ 的样本,变量 x 对 y 的影响系数变为 β_2。为了对 β_1 和 β_2 进行估计,假定 x_{it} 不随时间变动,且门限变量 q_{it} 也是不变的。为了避免 x_{it} 出现序列相关的情况,需要假定残差 ε_{it} 服从正态分布 $(0, \sigma^2)$。但是,面板门限模型不适用于动态面板或者存在异方差的情况。

估计固定效应的面板数据模型首先对式(6-2)中的变量按时间进行平均,其次将进行平均后的变量从式(6-2)中减去,这样就可以消除个体固定效应,最后用最小二乘法估计出系数。面板门限模型中的情况与之类似，但较为复杂。对式（6-4）中的变量按时间求均值，式（6-4）变为式（6-5）。

$$\bar{y}_i = \begin{cases} \mu_i + \beta_1 \bar{x}_i + \bar{\varepsilon}_i & q_{it} \leq \gamma \\ \mu_i + \beta_2 \bar{x}_i + \bar{\varepsilon}_i & q_{it} > \gamma \end{cases} \quad (6-5)$$

其中，$\bar{y}_i = T^{-1}\sum_{t=1}^{T} y_{it}$，$\bar{\varepsilon} = T^{-1}\sum_{t=1}^{T} \varepsilon_{it}$，$\bar{X}_i = \begin{pmatrix} T^{-1}\sum_{t=1}^{T} x_{it}I(q_{it} \leq \gamma) \\ T^{-1}\sum_{t=1}^{T} x_{it}I(q_{it} > \gamma) \end{pmatrix}$。

将式（6-4）和式（6-5）相减，得式（6-6）。

$$y_{it}^* = \begin{cases} \beta_1 x_{it}^* + \varepsilon_{it}^* & q_{it} \leq \gamma \\ \beta_2 x_{it}^* + \varepsilon_{it}^* & q_{it} > \gamma \end{cases} \quad (6-6)$$

式（6-6）可以表示成矩阵形式：$Y^* = X^*(\gamma)\beta + \varepsilon^*$，$\beta = (\beta_1, \beta_2)$，由于消除了个体固定效应，因而可以直接用最小二乘法估计系数，系数的具体形式如式（6-7）所示。

$$\hat{\beta}(\gamma) = (X^*(\gamma)'X^*(\gamma))^{-1}X^*(\gamma)'Y^* \quad (6-7)$$

残差平方和如式（6-8）所示。

$$S(\gamma) = \hat{\varepsilon}^*(\gamma)'\hat{\varepsilon}^*(\gamma) = Y^{*'}(I - X^{*'}(X^*(\gamma)'X^*(\gamma))^{-1}X^*(\gamma)')Y^* \quad (6-8)$$

其中，γ 是未知参数，对于它所处的集域，令残差平方和最小即可求出其值为 $\hat{\gamma} = \arg\min S(\gamma)$。

当门限值确定后，可以得出系数估计值 $\hat{\beta} = \hat{\beta}(\hat{\gamma})$，残差的方差如式（6-9）所示。

$$\hat{\sigma}^2 = \frac{1}{n(T-1)}S(\hat{\gamma}) \quad (6-9)$$

上述过程需要历遍门限变量的所有值，然后计算对应的参数平方和，因而当数据较多时，运算量会十分庞大，这时可以把门限变量按照大小划分为 100 份（或其他份数），只历遍这 100 个数值。另外，为了避免门限值处于定义域的边界，需要把门限变量排序，删除重复值，并把最大或最小的 1% 或 5% 的值去掉。

三、门限的统计检验

第六章第二节遍历所有可能的门限值后，并把使残差平方和最小的值作为门限值，但需要进一步的统计检验才能确定。因为对于任意的门限定义域，总会有一个值使残差平方和最小，但在实际经济中，可能并不存在门限效应，即门限变量的系数 β_1 和 β_2 无差异。统计假设检验的原假设为：$H_0: \beta_1 = \beta_2$。

在原假设下，门限变量 γ 未知，因而不能采用传统的统计量进行检验，需要构建原假设的似然统计量，并采用 Bootstrap 方法模拟其分布。首先，在原假设下面板门限简化为式（6-2）的形式，按照第六章第二节的方法，消除个体固定效应后，通过最小二乘法可以求出其残差平方和，记为 S_0。其次，可以构建原假设下的似然统计量：$F = (S_0 - S(\hat{\gamma}))/\hat{\sigma}^2$，其渐进分布不是标准形态，需要用 Bootstrap 方法计算 P 值，进而对原假设进行检验。

假设检验 $H_0: \beta_1 = \beta_2$ 只能表明是否存在门限效应，但是不能评价门限值的置信度，即 $\hat{\gamma}$ 与门限真实值 γ_0 一致，但如果其他门限 γ 也与真实值 γ_0 一致，那么 $\hat{\gamma}$ 的置信度就比较低。

由于 γ 的分布不是标准形式，Hansen（1999）采用 γ 的似然统计量构建"非拒绝域"来确定门限变量的置信区间，其中 γ 的统计量如式（6-10）所示。

$$LR(\gamma) = (S(\gamma) - S(\hat{\gamma}))/\hat{\sigma}^2 \qquad (6-10)$$

置信区间的反函数为 $c(\alpha) = -2\ln(1 - \sqrt{1-\alpha})$，据此，可以计算出置信水平为 10%、5% 和 1% 时对应 LR 统计量的值为 6.53、7.35 和 10.59。

第二节 汇率波动、融资约束与企业生产率的门限估计

一、企业生产率的门限效应

在第五章汇率波动、融资约束对企业生产率影响的稳健性检验中,将样本按照企业所有权的性质、进出口类型进行分类估计,结果表明国有企业生产率对汇率波动的敏感性低于民营企业和外资企业,所受到的融资约束也更低。企业所有权和进出口具有明确的划分标准。生产率作为反映企业异质性的指标,不同生产率下企业受汇率风险和融资约束的状况也应有所差异,然而生产率属于连续变量,没有标准的分类法将样本分成低生产率企业和高生产率企业。将全部样本按照企业生产率的四分位数进行划分,并分别进行估计,结果如表6-1所示。

表6-1 按企业生产率四分位数划分样本的估计结果

变量	模型1	模型2	模型3	模型4
REER	2.392*** (16.75)	-0.855*** (-9.45)	-2.868*** (-29.72)	-10.337*** (-66.34)
OUTFC	0.004 (0.63)	0.057*** (13.94)	0.058*** (20.96)	0.084*** (50.10)
INFC	0.079*** (11.73)	0.125*** (26.50)	0.133*** (35.10)	0.129*** (55.77)
SCALE	0.669*** (60.18)	0.369*** (33.90)	0.351*** (31.26)	0.662*** (55.57)
PROFIT	0.147*** (48.58)	0.061*** (9.13)	-0.008 (-1.00)	-0.211*** (-16.41)

第六章　汇率波动、融资约束对企业生产率影响的门限效应分析

续表

变量	模型 1	模型 2	模型 3	模型 4
CAPINT	-0.055*** (-65.52)	-0.049*** (-84.99)	-0.037*** (-66.59)	-0.065*** (-96.50)
行业效应	是	是	是	是
地区效应	是	是	是	是
观测值	423335	420473	415200	407154
R^2	0.3892	0.1176	0.0430	0.2602
F统计量	6585.65	2000.34	1650.96	5780.12
固定效应	是	是	是	是

注："***"表示在1%的显著性水平下显著，"**"表示在5%的显著性水平下显著，"*"表示在10%的显著性水平下显著。

资料来源：根据相关资料整理。

模型1为生产率在[0，25%]的估计结果，其中，汇率的波动系数为正数，这与总体估计结果相差较大。一方面，生产率低的企业其生产率已经处在较低的水平，汇率波动也很难再对其产生负面影响；另一方面，这些企业的生产率有较大增长空间，且呈现自然增长，因此，汇率波动的结果可能是伪回归，需要进一步研究。另外，虽然内部融资约束能显著降低企业生产率，但是外部融资约束对企业生产率的影响则不显著。模型2~模型4为生产率在[25%，50%]、[50%，75%]和[75%，100%]样本的估计结果，3个模型中，汇率波动的系数均为负数，外部融资约束和内部融资约束的系数均为正数，且所有结果均在1%显著性水平下显著，这与总体回归结果一致，但是各个模型中变量系数的大小却存在较大差异，模型2至模型4中汇率波动的系数依次降低，外部融资约束的系数依次上升，内部融资约束的系数先上升后下降。直观上看，生产率高的企业对汇率波动和融资约束更为敏感，但是由于不在同一个模型中，不能直接比较，且生产率的划分较为随意，需要使用门限方法进行验证。

在不同企业生产率下，汇率波动、内外部融资约束对企业生产率的作

用程度也不相同,但在表 6-1 中,按照四分位数将企业生产率划分后,模型 1 至模型 4 同时估计了汇率波动、内外部融资约束对企业生产率的影响,这又会产生两个问题:第一,由于模型中其他变量的系数没有控制,因而不能直接比较模型 1~模型 4 中汇率波动、融资约束的系数,无法判断哪种情况下它们对生产率的影响程度更大。第二,汇率波动、内外部融资约束对企业生产率的门限值可能不一样,即以某点划分生产率时,汇率波动对被解释变量的影响存在差异,但融资约束对被解释变量的影响无差异。为此,需要分别对汇率波动、内外部融资约束的门限值进行估计,且当研究某一解释变量时,需要对其他解释变量的系数进行控制。

表 6-2 表示了企业生产率的门限值及汇率波动对被解释变量的影响大小,融资约束变量和其他控制变量保持固定。首先,对于汇率波动来说,需要进行是否存在门限效应的检验,其对应的似然估计值为 31842.96,根据 Bootstrap 模拟的 1% 显著性水平值为 4902.336,表明存在门限效应。其次,企业生产率门限值为 7.348,但其精确程度还需进一步检验。图 6-1 为门限变量置信区间的曲线图,其中,实线是根据式 (6-10) 计算出的似然值,虚线是置信度为 95% 的临界值 (共余门限图形与之类似)。似然值小于等于临界值时表明该处的门限值是真实门限值的概率为 95%。图中似然值随着企业生产率增加逐渐减小,在 7.348 处达到最小值,之后又逐渐增大,因而表明门限值为 7.348 的概率大于 95%。最后,小于门限值的样本量为 944972,大于门限值的样本量为 189059,前者的数量明显大于后者,表明生产率小于门限值的企业为工业企业的主体。

表 6-2 汇率波动对企业生产率的非线性影响

变量	$TFP<7.348$	$TFP\geq 7.348$
REER	-1.682***	7.359***
	(-78.77)	(128.10)
OUTFC	0.073***	0.073***
	(52.51)	(52.51)

第六章 汇率波动、融资约束对企业生产率影响的门限效应分析

续表

变量	$TFP<7.348$	$TFP\geqslant 7.348$
INFC	0.172*** (82.00)	0.172*** (82.00)
SCALE	0.792*** (157.88)	0.792*** (157.88)
PROFIT	0.149*** (44.70)	0.149*** (44.70)
CAPINT	-0.088*** (-219.12)	-0.088*** (-219.12)
观测值	944972	189059
固定效应	是	是
门限值	7.348	
最大似然值	31842.96	
置信水平值 [90%、95%、99%]	[4811.473、4834.567、4902.336]	

注："***"表示在1%的显著性水平下显著,"**"表示在5%的显著性水平下显著,"*"表示在10%的显著性水平下显著。

资料来源：根据相关资料整理。

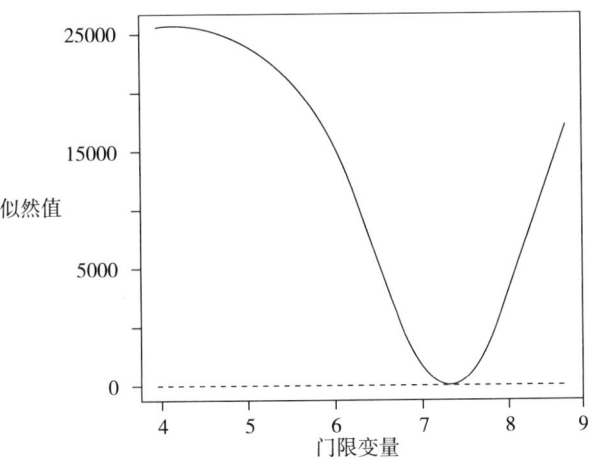

图 6-1 相对于汇率波动的生产率门限置信区间

资料来源：根据相关资料整理。

对于 $TFP<7.348$ 的估计结果,汇率波动系数为 -1.682,且显著不为零,这与总体估计结果一致。而对于 $TFP\geqslant 7.348$ 的估计结果,汇率波动系数为正,这与总体估计结果相反。一般情况下,汇率波动会通过影响企业的技术创新投入、生产资源配置对企业生产率产生负面影响,但是当生产率超过门限值时,这些高生产率企业具有较强的竞争力,能够有效地应对汇率风险,且汇率波动增加了企业间的竞争,长期来看有助于企业生产率提升,但从样本数量看,该类企业数据较少,大多数企业生产率受汇率波动影响仍以负面影响为主。外部融资约束和内部融资约束系数均为正数,其余控制变量与总体估计结果的符号也一致,表明模型的稳定性较好。

对于不同的解释变量,企业生产率的门限值也不相同,表6-3显示了外部融资约束在不同门限值中对企业生产率的影响。为了比较不同状态下的系数值,本节把汇率波动、内部融资约束和其他控制变量的系数保持固定。首先,对是否存在门限效应进行检验,对应的似然值为1000.529,大于1%显著性水平值146.451,表明对于外部融资约束存在企业生产率的门限效应。门限估计值为5.659,根据图6-2可知,只有门限值为5.659对应的似然值小于等于0,因而门限值是真实门限值的概率为95%。小于门限变量的样本量为238979,大于门限值的样本量为895052,后者的数量远大于前者,因而在总体回归中占主要地位。

表6-3 外部融资约束对企业生产率的非线性影响

变量	$TFP<5.659$	$TFP\geqslant 5.659$
REER	-0.520^{***} (-25.52)	-0.520^{***} (-25.52)
OUTFC	0.266^{***} (37.56)	0.082^{***} (58.24)
INFC	0.182^{***} (85.93)	0.182^{***} (85.93)
SCALE	0.816^{***} (170.29)	0.816^{***} (170.29)

第六章 汇率波动、融资约束对企业生产率影响的门限效应分析

续表

变量	$TFP<5.659$	$TFP\geqslant 5.659$
PROFIT	0.107*** (30.31)	0.107*** (30.31)
CAPINT	-0.082*** (-218.13)	-0.082*** (-218.13)
观测值	238979	895052
固定效应	是	是
门限值	5.659	
最大似然值	1000.529	
置信水平值[90%、95%、99%]	[115.101、125.9541、146.451]	

注:"***"表示在1%的显著性水平下显著,"**"表示在5%的显著性水平下显著,"*"表示在10%的显著性水平下显著。

资料来源:根据相关资料整理。

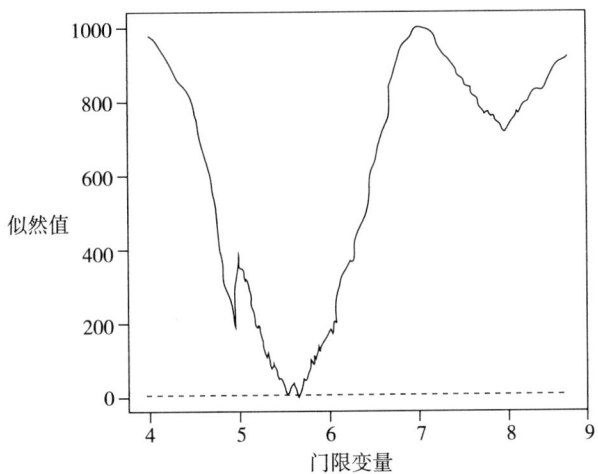

图6-2 相对于外部融资约束的生产率门限置信区间

资料来源:根据相关资料整理。

如表6-3所示,两个模型中,外部融资约束的系数均显著不为零,对于$TFP<5.659$的估计结果,外部融资约束的系数为0.266,对于$TFP\geqslant$

5.659 的估计结果，其对应的系数为 0.082，这表明企业外部流动性每增加 1 单位，会使低生产率企业的生产率上升 0.266，但只能使高生产率企业的生产率上升 0.082，低生产率企业对流动性更为敏感，或者说融资约束对低生产率企业的生产率影响程度更大。

生产率相对较高的企业一般经营业绩也较高，一方面，这些企业经营良好，偿债信用高，且具有一定的抵押价值，因而外部筹资较为容易；另一方面，效率高的企业本身具有一定的流动性，企业技术创新投资或者生产资料配置可以使用自有资金，对外部融资的需求较低，因而其生产率对外部融资约束敏感性较低。低生产率企业的经营效率不高，因而技术创新投入主要依靠融资，但是其技术投入回报率不高，且当投资失败时偿债能力不足，因而对于投资者来说风险偏高。这导致企业筹集不到所需资金，进而造成生产率停滞不前的恶性循环。从样本数量上看，生产率大于门限值的企业有 895052 家，生产率低于门限值的企业仅 238979 家，前者数量是后者的近四倍，这说明整体上我国工业企业生产率受外部融资约束的影响程度较小。

与外部融资约束类似，表 6-4 显示了内部融资约束在不同门限中对企业生产率的影响，汇率波动、外部融资约束和其他控制变量的系数在不同门限中保持固定。门限检验的最大似然值为 587.434，大于显著性水平为 1% 时的统计量为 112.772，因而存在生产率门限值使得内部融资约束对处在门限值两边的企业影响不同。门限值为 7.591，且根据图 6-3 可知该值为真实门限的概率大于 95%。小于门限值的样本数为 1006068，大于门限值的样本数为 127963 个，前者数量远大于后者，这表明生产率处在门限下方的企业占主体。

表 6-4 内部融资约束对企业生产率的非线性影响

变量	$TFP<7.591$	$TFP\geq 7.591$
REER	-0.562*** (-27.72)	-0.562*** (-27.72)
OUTFC	0.085*** (61.01)	0.085*** (61.01)

续表

变量	TFP<7.591	TFP≥7.591
INFC	0.228*** (73.46)	0.143*** (49.57)
SCALE	0.817*** (171.48)	0.817*** (171.48)
PROFIT	0.133*** (39.36)	0.133*** (39.36)
CAPINT	-0.088*** (-216.93)	-0.088*** (-216.93)
观测值	1006068	127963
固定效应	是	是
门限值	7.591	
最大似然值	587.434	
置信水平值［90%、95%、99%］	［92.519、101.123、112.772］	

注："＊＊＊"表示在1%的显著性水平下显著，"＊＊"表示在5%的显著水平下显著，"＊"表示在10%的显著水平下显著。

资料来源：根据相关资料整理。

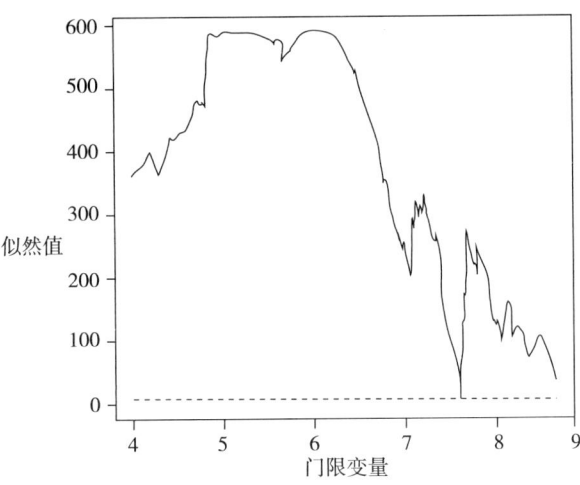

图6-3 相对于内部融资约束的生产率门限置信区间

资料来源：根据相关资料整理。

对于 $TFP<7.591$ 的样本估计结果,内部融资约束对应的系数为0.228,且在1%显著性水平下显著不为零。而对于 $TFP \geqslant 7.591$ 的样本估计结果,内部融资约束对应的系数显著不为零,估计值为0.143。前者的系数大于后者,表明生产率低于门限值的企业生产率对内部融资约束更为敏感,但同时增加其内部流动性能使生产率获得较大幅度的提升。生产率高于门限值的企业虽然受内部融资约束的影响较小,但是增加其内部流动性而获得的生产率提升幅度较小。造成内部融资约束系数不同的原因与外部融资约束类似,生产率高的企业融资相对容易,因而生产率提高受融资约束较少,生产率更多地受到技术限制或者资源限制。与外部融资约束不同,内部融资约束不仅反映了企业的投资难易,更反映了企业经营的现金流量,虽然高生产率企业具有较多的固定资本,但很难及时变现,从而产生现金流量短缺的问题。与外部融资约束相比,不同门限值下外部融资约束的差异较小。另外,生产率处在门限值下方的企业达1006068家,因而内部融资约束对企业生产率的影响十分普遍。

通过对比汇率波动、外部融资约束和内部融资约束的企业生产率门限结果可知,作为反映企业异质性的生产率确实存在门限效应。由第四章可知,生产率与企业规模呈正相关,那些超过门限值的企业一般规模也较大,在市场中积累了经营管理的经验,能够应对汇率风险。同时,这些企业制度体系完善,有固定的技术创新投资来源,因而其生产率受到的融资约束比处于门限值下方的企业少。相反,生产率低的企业一般规模也较小,缺乏应对汇率风险的措施,同时,其技术更多依靠项目融资,因而对流动性更为敏感。然而,划分生产率高低的门限值并不相同,其中,汇率波动和内部融资约束对应的生产率门限值较为接近,门限值较高,大部分企业生产率小于门限值,它们受汇率波动和内部融资约束的影响较大,这表明汇率波动和内部融资约束对总体的影响较大。外部融资约束的门限值较低,大多数企业的生产率高于门限值,它们受外部融资约束的影响很小,因而外部融资约对总体的影响也较小。

二、汇率波动的门限效应

汇率波动对一国的进出口有重要影响,因此,政府往往会对汇率进行调控,即使汇率完全市场化的国家,也可以通过干预外汇市场来改变汇率的走势,这将使汇率的调整是非线性的。另外,投资者的情绪也使汇率波动较小时的调整和波动较大时的调整出现不一致。已经有许多学者研究了人民币汇率波动的非线性过程,危黎黎、李余辉和李超(2014)认为人民币的调整过程是间断的、非对称的非线性动态过程。孙柏和李小静(2016)采用 GARCH 类模型检验了人民币汇率的非线性依赖过程,发现人民币汇率调整是典型的非线性动态过程。汇率调整本身存在非线性行为,汇率波动对经济中其他变量的影响可能也是非线性的。企业作为对外贸易的基本单元,当汇率波动程度较小时,需求受到汇率的冲击较小,因而不会对企业造成太大的冲击。当汇率波动进一步加剧时,企业的盈利能力、投资决策会发生改变,部分实力较弱的企业甚至退出生产市场。如果出现世界性的经济危机,汇率剧烈波动,那么企业将面临更大的汇率风险,汇率风险将阻碍贸易的发展。

类似地,汇率波动对企业生产率也存在非线性影响,第六章第二节第一部分在汇率波动一定的情况下,把企业生产率划分为两类,结果发现生产率低的企业对汇率波动更加敏感,本节则将企业生产率固定,通过门限方法把汇率波动划分为两类,进而研究汇率波动程度加剧是否会对企业生产率造成更大的冲击。另外,第五章的研究表明内外部融资约束的缓解都可以减弱汇率波动对企业生产率的影响。然而,当汇率波动幅度较小时,增加流动性是否更为有效?当汇率波动幅度超过一个定值时,是否需要更大的流动性才能缓解汇率风险?除此之外,内部融资约束和外部融资约束对应的汇率波动门限值也不一样。因此,本节通过门限方法来估计汇率波动对企业生产率的门限值及融资约束缓解汇率波动的门限值,进而对门限值上下的系数进行比较。

将样本按照汇率波动的四分位数划分并进行估计,结果如表6-5所示,其中,模型1至模型4分别为企业生产率处于[0, 25%] [25%, 50%] [50%, 75%] 和 [75%, 100%] 的估计结果。在模型1、模型3和模型4中,汇率波动对应的系数为负数,且其系数大小相差较大。这表明汇率波动对企业生产率影响的变动较大,另外,模型2中汇率波动对应的系数为正,表明当汇率波动在这一范围内时能够提高企业生产率,这与整体估计结果相背离。对于内部融资约束和外部融资约束,模型1和模型2、模型3和模型4的系数较为接近,但模型3和模型4的系数明显小于模型1和模型2的系数,这表明汇率波动较小时,融资约束可以缓解汇率风险对企业生产率的影响,但是汇率波动较大时,融资约束的作用就明显下降。无论是汇率波动还是融资约束,其对企业生产率的影响是随着汇率波动程度的改变而发生变化的,当然,根据表6-5只能做直观的判断,汇率波动的门限值不一定正好处在汇率波动的分位数上,且汇率波动和融资约束对应的门限值可能不一样,因而更精确地划分汇率波动的标准需要采用门限值估计方法来确定。除此之外,表6-5中控制变量的系数未进行控制,直接比较模型1至模型4中的系数不够精确,因而,本书接下来采用门限回归方法分别估计汇率波动和融资约束对企业生产率的门限效应,并对其他控制变量进行控制。

表6-5 按汇率波动四分位数划分样本的估计结果

变量	模型1	模型2	模型3	模型4
REER	-48.767*** (-59.54)	99.391*** (47.20)	-1.268 (-1.05)	-2.480*** (-11.34)
OUTFC	0.105*** (43.24)	0.152*** (20.32)	0.062*** (16.04)	0.062*** (20.73)
INFC	0.204*** (50.18)	0.172*** (22.15)	0.099*** (16.62)	0.091*** (20.99)
SCALE	0.800*** (98.84)	0.851*** (54.58)	0.792*** (61.02)	0.702*** (68.25)

第六章 汇率波动、融资约束对企业生产率影响的门限效应分析

续表

变量	模型 1	模型 2	模型 3	模型 4
PROFIT	-0.074*** (-7.95)	0.002 (0.44)	0.061*** (7.08)	0.314*** (47.35)
CAPINT	-0.108*** (-153.89)	-0.076*** (-53.08)	-0.106*** (-99.41)	-0.088*** (-86.45)
行业效应	是	是	是	是
地区效应	是	是	是	是
观测值	572731	293309	354112	446010
R^2	0.6732	0.8170	0.6747	0.6892
F统计量	18506.00	9292.59	8912.67	8800.60
固定效应	是	是	是	是

注："***"表示在1%的显著性水平下显著，"**"表示在5%的显著性水平下显著，"*"表示在10%的显著性水平下显著。

资料来源：根据相关资料整理。

表6-6显示了在不同门限下汇率波动对企业生产率的影响，融资约束和其他控制变量保持固定。汇率波动的门限值为0.011，其将企业所处的汇率波动环境分为两类，当 $REER<0.011$ 时，汇率波动的系数为3.187，显著不为零，表明汇率波动只要不超过门限值，波动增加会提高企业生产率，这主要是因为当汇率波动程度较小时，汇率风险的负面作用很小。相反，汇率波动会激励企业增加技术创新，增加其国际竞争力，从长期来看，汇率波动带来的优胜劣汰也会促进企业提高生产率。当 $REER\geqslant 0.011$ 时，汇率波动的系数显著为负，这说明汇率波动超过门限值后，汇率波动增加将导致企业生产率下降。究其原因，汇率波动程度较大时，汇率波动风险成为制约企业投资的重要因素，导致生产率降低。门限似然值为17413.33，小于10%显著性水平值18036.07，因而不能拒绝不存在门限值的原假设，这表明汇率波动对企业生产率的影响不存在非线性效应，当然，这可能是由于汇率波动的年度数据量少，Bootstrap模拟的分布不够稳定造成的。

表 6-6　汇率波动对企业生产率的非线性影响

变量	$REER<0.011$	$REER\geqslant 0.011$
$REER$	3.187*** (79.76)	-1.864*** (-79.89)
$OUTFC$	0.086*** (61.73)	0.086*** (61.73)
$INFC$	0.178*** (84.30)	0.178*** (84.30)
$SCALE$	0.8055*** (165.12)	0.8055*** (165.12)
$PROFIT$	0.140*** (41.72)	0.140*** (41.72)
$CAPINT$	-0.085*** (-210.31)	-0.085*** (-210.31)
观测值	551156	582875
固定效应	是	是
门限值	0.011	
最大似然值	17413.33	
置信水平值[90%、95%、99%]	[18036.07、18118.38、18220.49]	

注:"***"表示在1%的显著性水平下显著,"**"表示在5%的显著性水平下显著,"*"表示在10%的显著性水平下显著。

资料来源:根据相关资料整理。

通过设定汇率波动和外部融资约束的相乘项 $REEROUTFC$,可以用来分析外部融资约束缓解汇率波动对企业生产率的负面作用,第五章全样本估计结果表明,增加外部流动性后,企业一方面可以用这些资金在金融市场上进行套期保值,抵抗汇率风险;另一方面可以进行技术创新投资,提高生产率。但外部融资约束的这些作用可能随着汇率波动程度的增大而产生非线性作用,表 6-7 显示了这一非线性效应,汇率波动的门限似然值为 4561.314,而 Bootstrap 模拟的1%显著性水平值仅为 1876.477,因而融资约束缓解汇率波动对企业生产率的影响存在门限效应。生产率门限的估计值为 0.015，但通过图 6-4 发现，似然值随着汇率波动增大逐渐降低，且门限值处在最大值附近。在门限估计过程中，为了防止门限处在门限变量的取值范围边界，出现无法估计的情况，因而提前将门限变量的最大 1%和最小 1%删除。图 6-4 的结果可以认为存在门限值，但是 Hansen 并没有给出继续检验门限是否存在边界的方法。$REER<0.015$ 的样本数为 887786，而 $REER \geqslant 0.015$ 的样本数为 246245，前者的数量远大于后者，表明汇率波动大部分时间处在门限值下方，而门限值的剧烈波动时间较短。

表 6-7 外部流动性缓解企业所受汇率风险的非线性效应

变量	$REER<0.015$	$REER \geqslant 0.015$
REER	-0.419*** (-20.28)	-0.419*** (-20.28)
REEROUTFC	9.023*** (59.77)	-3.193*** (-19.33)
INFC	0.183*** (86.36)	0.183*** (86.36)
SCALE	0.821*** (174.12)	0.821*** (174.12)
PROFIT	0.149*** (44.25)	0.149*** (44.25)
CAPINT	-0.090*** (-220.96)	-0.090*** (-220.96)
观测值	887786	246245
固定效应	是	是
门限值	0.015	
最大似然值	4561.314	
置信水平值［90%、95%、99%］	［1784.992、1819.656、1876.477］	

注："***"表示在 1%的显著性水平下显著，"**"表示在 5%的显著性水平下显著，"*"表示在 10%的显著性水平下显著。

资料来源：根据相关资料整理。

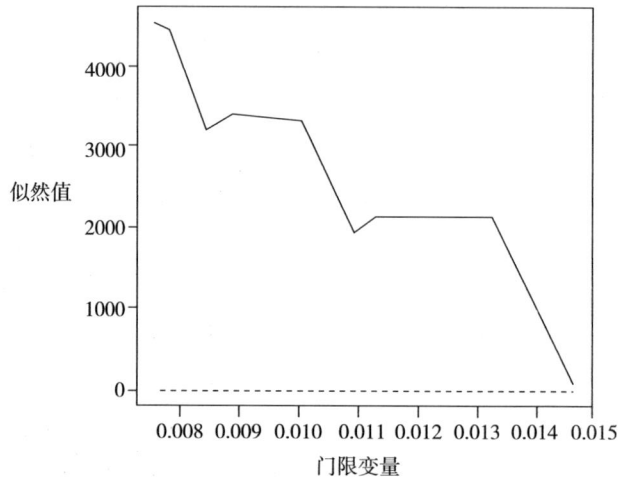

图 6-4 相对于外部融资约束的汇率波动门限置信区间

资料来源：根据相关资料整理。

对于 REER<0.015 的估计结果，REER 的系数为-0.419，REEROUTFC 的系数为9.023，根据第五章的分析可知，汇率波动对企业生产率的影响程度为-0.419+9.023×OUTFC，因此，外部流动性每增加1单位，可以使汇率波动对企业生产率的负面影响减少9.023，这与总体的估计结果一致。对于 REER≥0.015 的样本估计结果，REER 的系数同样为-0.419，REEROUTFC 的系数则为-3.193，同理可知，汇率波动对企业生产率的影响为-0.419-3.193×OUTFC，此时，增加流动性反而会增加汇率波动对生产率的冲击。具体来看，汇率波动超过门限值的年份只有2008年和2009年，这两年正好处于世界性的经济危机时期，经济危机导致企业产品的市场需求降低，盈利能力下降，同时面临较强的流动性短缺。此时虽然技术投入受到影响，但生产率下降的主要原因是固定资本与劳动投入比例处于非最优状态，技术利用率低。增加企业外部流动性后，企业并不能通过优化生产资源配置、提高技术效率等途径来提高生产率。在经济危机中，企业为了谋求发展，需要进行战略转型，开辟新的市场，在企业应用新技术的早期将出现暂时的产量下降，T. J. Holmes 和 J. A. Schmitz（2008）将这种成

第六章 汇率波动、融资约束对企业生产率影响的门限效应分析

本称为转换成本。

缓解内部融资约束和外部融资约束都能提高企业生产率,然而它们之间仍然存在差异,在总体回归中,内部融资对企业生产率的影响程度更大。且在前文的门限估计中,受外部融资约束的企业数量相对较少,而大部分企业都受到内部融资约束,因而,内部融资约束缓解汇率波动对企业生产率的影响与外部融资约束也可能存在差异。从表6-8可以看出,内部融资约束与汇率波动的交叉项对应的汇率门限值为0.011,似然估计值为2712.408,大于显著水平为1%的临界值,表明存在门限效应。同时,从图6-5中可知,门限值为0.011的概率大于95%。小于门限值的样本数为551156,大于门限值的样本数为582875,两者相差不大。与外部融资约束相比,内部融资约束与汇率波动的交互项对汇率波动更加敏感,因而研究其门限值也更加有现实意义。

表6-8 内部流动性缓解企业所受汇率风险的非线性效应

变量	$REER<0.011$	$REER \geqslant 0.011$
REER	-0.576*** (-28.37)	-0.576*** (-28.37)
OUTFC	0.085*** (60.86)	0.085*** (60.86)
REERINFC	21.942*** (74.51)	6.041*** (26.84)
SCALE	0.819*** (171.14)	0.819*** (171.14)
PROFIT	0.130*** (38.34)	0.130*** (38.34)
CAPINT	-0.090*** (-221.58)	-0.090*** (-221.58)
观测值	551156	582875

续表

变量	REER<0.011	REER≥0.011
固定效应	是	是
门限值	0.011	
最大似然值	2712.408	
置信水平值［90%、95%、99%］	［679.497、700.586、746.775］	

注:"***"表示在1%的显著性水平下显著,"**"表示在5%的显著性水平下显著,"*"表示在10%的显著性水平下显著。

资料来源:根据相关资料整理。

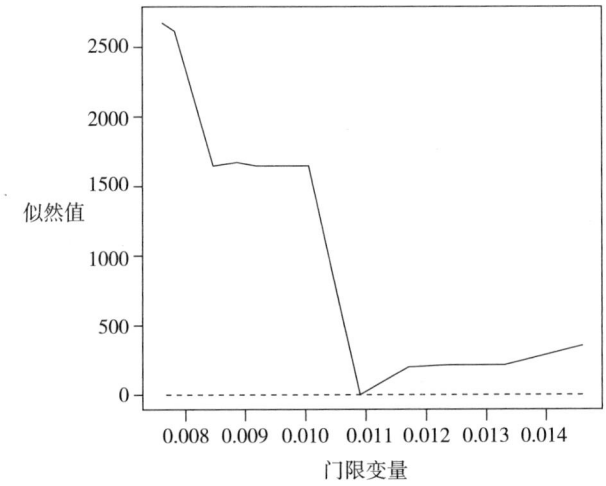

图 6-5 相对于内部融资约束的汇率波动门限置信区间

资料来源:根据相关资料整理。

对于 REER<0.011 的估计结果,REER 的系数为-0.576,REERINFC 的系数为21.942,与前文分析类似,可以求出汇率波动对企业生产率的影响程度为-0.576+21.942INFC,当不存在融资约束时,即 INFC 的值为0,可以得出汇率波动对企业生产率的影响为-0.576,这与总体回归结果一致,说明汇率增大将引起生产率下降。当存在内部融资约束时,融资约束越严重,汇率波动对企业生产率的负面影响也越大。相反,内部流动性增

强则可以降低汇率波动对生产率的冲击。对于 $REER \geq 0.011$ 的估计结果，$REER$ 的系数仍为 -0.576，$REERINFC$ 的系数变为 6.041，因此，当汇率波动超过门限值时，汇率波动对企业生产率的影响程度为：$-0.576 + 6.041INFC$，符号与小于门限值时一致，但是 $REERINFC$ 系数的大小却相差较大。小于门限值时 $REERINFC$ 系数相对较大，表明当汇率波动处于 0.011 下方时，增加企业内部流动性后，可以更大程度减弱汇率波动对企业生产率的负面影响。相反，当汇率波动超过 0.011 时，增加企业内部流动性在一定程度上可以减弱汇率波动对企业生产率造成的冲击，但是其效果远不如前者好。当汇率波动未超过门限值时，汇率波动对企业造成的冲击较小，企业的生产经营未发生实质性改变，此时，增加内部流动性有助于企业利用金融手段套期保值，从而减小企业销售产品损失，理想情况下，如果流动性充足，汇率波动带来的产品销售损失完全可以避免。而当汇率波动超过门限值时，企业生产经营发生了实质性改变，企业销售产品可能带来更大损失，因而需要限产、停产，剧烈的汇率风险甚至使流动性缺乏的企业破产，此时，增加企业内部流动性的作用较为有限。这与外部融资约束的情况类似，但与外部融资约束不同的是内部流动性的作用对汇率波动更加敏感，只有汇率波动幅度较小时才能起较大作用。

总之，汇率波动的非线性效应十分明显，汇率大幅波动对企业生产率造成较大的冲击，且此时增加流动性的效果相对汇率波动幅度较低时也大幅下降。此外，内部融资约束的作用对汇率波动更加敏感。因此，在汇率双向波动幅度加大，人民币汇率逐渐市场化的进程中，需要避免汇率波动过大，改善企业融资环境，特别是增加企业外部流动性，使汇率波动对企业生产率的危害降到最低。

三、融资约束的门限效应

第五章的总体估计结果表明，不论是内部融资约束还是外部融资约束都能制约企业生产率的增长，且国有企业生产率受外部融资约束的影响程度较大，而民营企业生产率对内部融资约束更为敏感。目前我国企业普遍存在着流动性不足的情况，融资难、融资渠道不畅将阻碍企业的技术进步，进而对中国整体经济的国际竞争力产生影响。但具体来看，规模较大的企业本身具有较高的抵押价值，偿债能力强，因而相对小规模企业，其借贷更为容易。国有企业有政府信誉作为担保，银行等金融机构为了降低不良贷款率，即使回报率较低，也倾向于贷款给国有企业，民营企业的处境则十分艰难。因此，融资约束在工业企业中的分布并不是完全随机的，虽然能够从总体回归结果直观地看出工业企业整体上受融资约束的情况，但是并不具体，不能够给政策制定者提供有针对性的意见。本质上，融资约束属于企业异质性的一个指标，如第六章第三节第一部分所研究的企业生产率，融资约束也存在类似的非线性效应，因而需要对样本进行划分后分别估计其对生产率的影响。但是融资约束程度缺乏理论上的划分标准，而简单地按照企业所有制性质或者规模划分同样不够精确。因此，需要采用门限方法对融资约束的非线性进行检验，如果存在门限效应，再按照门限值把样本划分后估计其对生产率的影响。

内外部融资约束的非线性情况可能不同，本节首先对外部融资约束的门限进行检验，并采用类似的方法对内部融资约束进行研究。表6-9显示了按外部融资约束四分位数划分样本的估计结果。四个模型中，汇率波动的系数均显著为负，其系数的值存在一定差异。在模型1和模型2中，$OUTFC$的值为负数，表明融资约束增加在一定程度上能提高企业生产率，这与总体估计结果存在较大差异。而模型3和模型4中$OUTFC$的值为正数，表明融资约束增加将造成企业生产率下降，与总体估计结果一致，不同模型之所以存在较大的差异，可能是因为存在非线性情况。四个模型中内部融资约束系数均为正，与总体估计结果一致。与前文论述类似，简单按四分位数划分不够精确，且不能对是否存在非线性行为进行统计检验。其次通过门限方法对其进行检验。

第六章 汇率波动、融资约束对企业生产率影响的门限效应分析

表6-9 按外部融资约束四分位数划分样本的估计结果

变量	模型1	模型2	模型3	模型4
REER	-5.616*** (-28.90)	-6.086*** (-33.71)	-7.381*** (-41.84)	-9.270*** (-55.07)
OUTFC	-0.325*** (-22.08)	-0.843*** (-18.42)	0.054** (2.05)	0.111*** (60.75)
INFC	0.187*** (44.68)	0.364*** (38.73)	0.394*** (38.92)	0.137*** (35.77)
SCALE	0.824*** (58.79)	0.830*** (65.24)	0.825*** (68.62)	0.786*** (66.09)
PROFIT	0.107*** (14.12)	0.456*** (31.82)	0.442*** (28.34)	0.185*** (18.99)
CAPINT	-0.060*** (-54.62)	-0.065*** (-62.51)	-0.077*** (-77.00)	-0.070*** (-78.92)
行业效应	是	是	是	是
地区效应	是	是	是	是
观测值	283496	283499	283502	283506
R^2	0.6834	0.7161	0.7630	0.7237
F统计量	7052.00	7973.43	9935.93	10314.48
固定效应	是	是	是	是

注:"***"表示在1%的显著性水平下显著,"**"表示在5%的显著性水平下显著,"*"表示在10%的显著性水平下显著。

资料来源:根据相关资料整理。

从表6-9的初步分类估计中可知,外部融资约束对应的非线性最明显。另外,企业所受的融资约束可以作为企业异质性的一种,而前文分析表明不同企业受汇率波动的影响不同,因而这里主要研究外部融资约束和汇率波动的门限效应。表6-10中同时估计了对应于外部融资约束和汇率波动的门限值,其中 OUTFC 对应的门限为0.058,对应的似然值为4846.916,大于1%的显著性水平值1015.628,表明存在门限效应。从

图 6-6（a）中可知，$OUTFC$ 值为 0.58，对应的似然比小于 0，表明该值为真实门限的概率大于 95%，低于门限值的样本数为 299951，高于门限值的样本数为 834080，后者在总体中占主要地位，因而其系数的意义相对更大。$REER$ 对应的门限值为 0.046，对应的似然值为 5399.87，远大于 1% 的显著性水平值 139.550，说明存在外部融资约束门限，使汇率波动对企业生产率的影响程度不同，同样，从图 6-6（b）可知，0.046 是门限值的概率大于 95%，小于门限值的样本数为 229445，大于门限值的样本数为 904586，后者远大于前者，这与 $OUTFC$ 对应的门限值情况类似，即大于门限值的估计结果具有更大的意义。从整体上来看，外部融资约束和汇率波动对应的门限值较为接近，两者的非线性状态都在相近的位置改变。

表 6-10 外部融资约束、汇率波动对企业生产率的非线性影响

变量	$OUTFC<0.058$	$OUTFC\geq 0.058$	$OUTFC<0.046$	$OUTFC\geq 0.046$
$REER$	-0.877*** (-41.98)	-0.877*** (-41.98)	1.913*** (41.85)	-1.221*** (-53.41)
$OUTFC$	-0.231*** (-40.74)	0.099*** (69.67)	0.089*** (63.59)	0.089*** (63.59)
$INFC$	0.178*** (83.89)	0.178*** (83.89)	0.178*** (83.84)	0.178*** (83.84)
$SCALE$	0.819*** (171.24)	0.819*** (171.24)	0.820*** (171.01)	0.820*** (171.01)
$PROFIT$	0.178*** (51.37)	0.178*** (51.37)	0.171*** (49.94)	0.171*** (49.94)
$CAPINT$	-0.087*** (-213.84)	-0.087*** (-213.84)	-0.087*** (-214.60)	-0.087*** (-214.60)
观测值	299951	834080	229445	904586
固定效应	是	是	是	是

第六章 汇率波动、融资约束对企业生产率影响的门限效应分析

续表

变量	OUTFC<0.058	OUTFC≥0.058	OUTFC<0.046	OUTFC≥0.046
门限值	\multicolumn{2}{c}{0.058}		0.046	
最大似然值	\multicolumn{2}{c}{4846.916}		5399.87	
置信水平值 [90%、95%、99%]	[984.983、1005.14、1015.628]		[122.495、127.638、139.550]	

注:"＊＊＊"表示在1%的显著性水平下显著,"＊＊"表示在5%的显著性水平下显著,"＊"表示在10%的显著性水平下显著。

资料来源:根据相关资料整理。

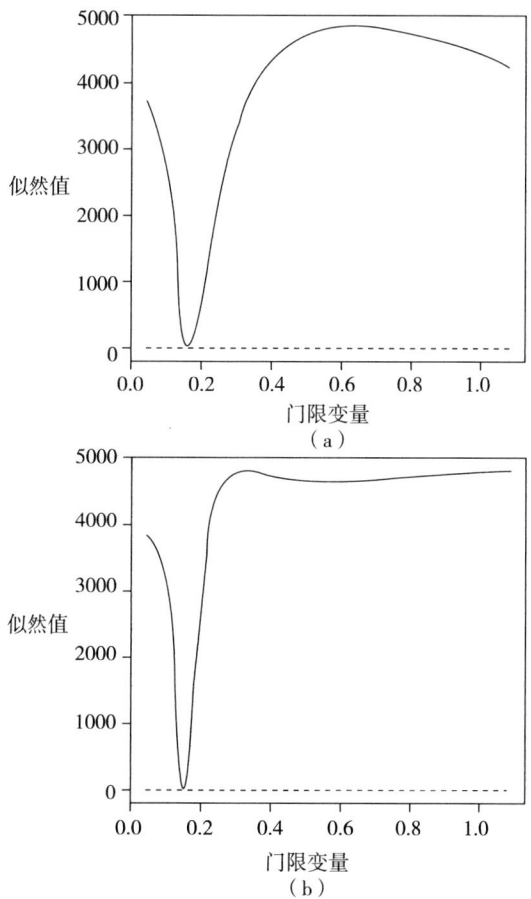

图6-6 相对于外部融资约束、汇率波动的外部融资约束门限置信区间

资料来源:根据相关资料整理。

$OUTFC$ 对应的门限中,汇率波动的系数仍然为负,内部融资约束的系数仍然为正,这与总体估计结果一致。当 $OUTFC<0.058$ 时,外部融资约束对应的系数为-0.231,但是,当 $OUTFC\geqslant0.058$ 时,外部融资约束对应的系数为 0.099,由此可知门限值两边的系数发生了较大变化。由于 $OUTFC$ 的值越大,企业所受的外部融资约束越小,因而小于门限值的企业对应于那些外部流动性特别弱的企业,对这些企业来说,其本身规模较小,缺乏足够的抵押贷款来融资,同时生产率本身偏低,甚至可能负债较多,因而小幅度增加其外部流动性后,企业不可能把这些资金用于技术创新投入,或者购买先进技术设备等提高生产率的活动。相反,"生存"是这些企业的首要任务,因而它们会选择扩大销售渠道,沉淀优秀人才。只有较大幅度增加其外部流动性才能促进其生产率的提高,然而这实现起来却较为困难。对于 $OUTFC$ 超过门限值的企业,其规模相对较大,产品具有一定的市场,因而增加外部流动性后企业将选择进行提高生产率的投资。但是,大部分企业处在门限值上方,只有少部分企业外部流动性较差,因而整体上增加外部流动性有助于提高企业生产率。

$REER$ 对应的门限中,$OUTFC$ 和 $INFC$ 的系数均为正,与总体估计结果一致。当 $OUTFC<0.046$ 时,汇率波动的系数为 1.913,表明随着汇率波动增加,企业生产率反而上升,与总体结果存在较大差异,产生这种现象的原因可能有两个:第一,本章所用的中国工业企业数据为非平衡面板数据,因而在汇率波动的冲击下,外部融资约束形势严峻且生产率本身偏低的企业更容易退出市场,但是每一年仍然有新的企业进入生产市场,因而 $OUTFC<0.046$ 的估计结果可以反映出汇率波动对企业平均生产率的长期作用机制,即汇率波动将淘汰外部融资困难且生产率低下的企业,新企业不断进入使整个行业层面生产率上升,为了验证这一观点,这里按照第六章第三节第一部分计算出的生产率门限值和外部融资约束门限值将所有企业分组统计,结果显示同样处在较低生产率水平的企业,外部融资约束高的企业平均寿命为 4.49 年,而外部融资约束程度低的企业平均寿命为 4.83 年。第二,生产率高的企业同样可能受到较强的外部融资约束,然而这些

第六章 汇率波动、融资约束对企业生产率影响的门限效应分析

企业可以依靠自身实力，通过依靠流动性来抵抗汇率风险，提高生产率，按生产率门限值和外部融资约束门限值将所有企业分组统计，结果显示，同样处在较高生产率水平的企业，那些外部融资约束高的企业平均 $INFC$ 值为 0.095，而外部融资约束程度低的企业平均 $INFC$ 值仅为 0.051。当 $OUTFC \geq 0.046$ 时，汇率波动的系数变为 -1.221，由于这部分企业数量占大多数，所以整体上汇率波动会导致企业生产率降低。

表 6-11 显示了按内部融资约束四分位数划分样本的估计结果，四个模型中，汇率波动的系数仍然都为负，但是系数间的大小存在一定的差异。外部融资约束的系数均为正，而第六章第三节第二部分中按外部融资约束划分后其系数发生了较大改变，这表明按内部融资约束划分样本不能捕抓外部融资约束的非线性性。对于内部融资约束，模型 2 至模型 4 中的系数为正，而模型 1 中为负，与总体估计结果相反，表明其存在非线性状态。但是，简单地按 4 分位数划分不够精确，且不能对是否存在非线性行为进行统计检验，接下来通过门限方法对其进行检验。

表 6-11 按内部融资约束划分样本的估计结果

变量	模型 1	模型 2	模型 3	模型 4
$REER$	-5.065*** (-32.31)	-6.833*** (-29.95)	-7.677*** (-44.54)	-8.851*** (-53.13)
$OUTFC$	0.048*** (17.08)	0.145*** (33.00)	0.095*** (25.68)	0.064*** (21.55)
$INFC$	-0.020** (-2.06)	0.945*** (5.56)	1.013*** (19.39)	0.203*** (77.35)
$SCALE$	0.794*** (73.97)	0.795*** (59.91)	0.822*** (72.77)	0.833*** (72.81)
$PROFIT$	0.214*** (30.53)	0.197*** (22.71)	0.114*** (13.60)	0.097*** (10.41)

续表

变量	模型1	模型2	模型3	模型4
CAPINT	-0.094*** (-106.57)	-0.069*** (-58.73)	-0.049*** (-48.37)	-0.037*** (-38.59)
行业效应	是	是	是	是
地区效应	是	是	是	是
观测值	343120	223883	283504	283496
R^2	0.7108	0.8161	0.7636	0.7760
F统计量	9660.13	6862.90	10789.68	11478.27
固定效应	是	是	是	是

注:"***"表示在1%的显著性水平下显著,"**"表示在5%的显著性水平下显著,"*"表示在10%的显著性水平下显著。

资料来源:根据相关资料整理。

本节主要研究内部融资约束与汇率波动对企业生产率影响的门限情况,由于第六章第三节第二部分已经单独研究了外部融资约束对应的门限值,且在表6-11的初步分析中其非线性也不明显,故这里不再研究。表6-12中内部融资约束系数对应的门限值为0.664,门限似然值为2605.17,而1%的显著性水平值为208,证明了存在门限效应,从图6-7(a)中发现,门限变量值0.664对应的似然比等于0,因而其是真实门限值的概率大于95%,然而仔细观察可知,0.664处于门限取值范围的边界(最大和最小1%剔除后),这与图6-4中汇率门限情况类似,目前还没有办法对剔除的1%进一步检验。小于门限值的样本数为1126948,而大于门限值的样本数仅为7083,其对企业整体的影响很小。汇率波动系数对应的门限值为0.128,似然值高于1%的显著性水平值,因而其门限效应存在,图6-7(b)显示0.128是真实门限值的概率同样超过95%。低于门限值的样本数为1018092,高于门限的样本数为115939,虽然门限值处于INFC偏低的部分,但是小于门限样本的数量却相对较大,一方面,表明我国工业企业普遍存在较大的内部融资约束;另一方面,说明该非线性研究的意义相对较大。

表 6-12 内部融资约束、汇率波动对企业生产率的非线性影响

变量	INFC<0.664	INFC≥0.664	INFC<0.128	INFC≥0.128
REER	-0.524*** (-25.83)	-0.524*** (-25.83)	-0.888*** (-41.58)	2.358*** (35.194)
OUTFC	0.086*** (61.28)	0.086*** (61.28)	0.085*** (60.99)	0.085*** (60.99)
INFC	0.292*** (87.08)	0.110*** (40.56)	0.154*** (69.70)	0.154*** (69.70)
SCALE	0.817*** (170.36)	0.817*** (170.36)	0.817*** (171.50)	0.817*** (171.50)
PROFIT	0.134*** (39.77)	0.134*** (39.77)	0.134*** (39.60)	0.134*** (39.60)
CAPINT	-0.087*** (-214.68)	-0.087*** (-214.68)	-0.087*** (-214.86)	-0.087*** (-214.86)
观测值	1126948	7083	1018092	115939
固定效应	是	是	是	是
门限值	0.664		0.128	
最大似然值	2605.17		3093.102	
显著性水平值 [90%、95%、99%]	[277.047、248.273、208.000]		[450.539、462.906、462.906]	

注:"***"表示在1%的显著性水平下显著,"**"表示在5%的显著性水平下显著,"*"表示在10%的显著性水平下显著。

资料来源:根据相关资料整理。

对于 $INFC$ 对应的门限中,汇率波动的系数为负,融资约束的系数为正,与总体估计结果一致,当 $INFC<0.664$ 时,$INFC$ 的系数为 0.292,显著不为零;当 $INFC \geq 0.664$ 时,$INFC$ 的系数变为 0.11,同样十分显著,表明增加内部流动性均有助于提高企业生产率,但是对于处于门限值下方的企业效果更好,且由于包含了绝大多数样本,因而更应受到重视。

对于 $REER$ 对应的门限中,内外部融资约束的系数都为正,同样与总体估计结果保持一致。当 $INFC<0.128$ 时,$REER$ 的系数为 -0.888。但当 $INFC \geq 0.128$ 时,$REER$ 的系数变为 2.358,表明汇率波动反而能促进生产

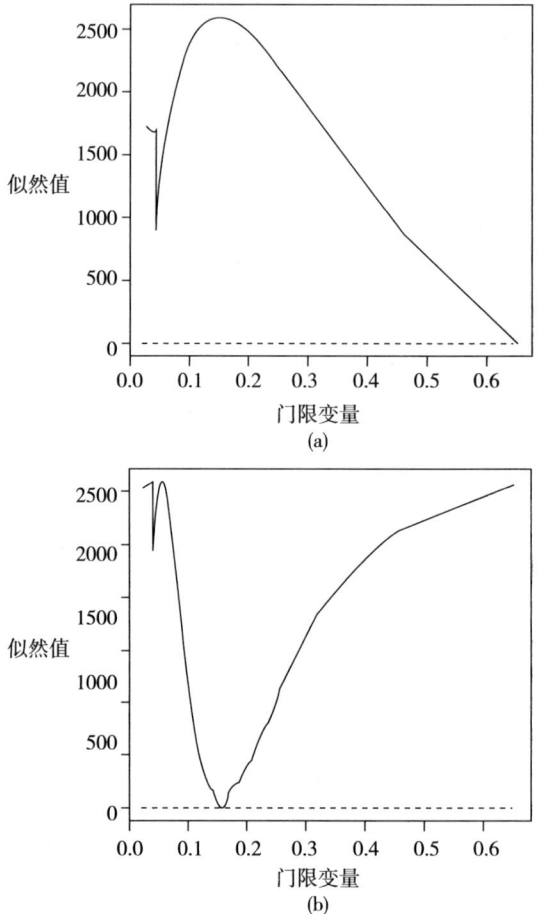

图 6-7 相对于内部融资约束、汇率波动的内部融资约束门限显著性区间

资料来源：根据相关资料整理。

率提高，与总体估计结果不一致。这部分企业所受的内部融资约束较轻，且其技术创新投资更多依靠内部流动性，因而汇率波动对其技术投资冲击较小，虽然对需求及生产资源配置有一定影响，但是从长期看，这有助于激励企业增强竞争力，从而提高生产率。而内部融资约束程度高的企业受汇率波动的影响很大，甚至有可能退出生产市场，汇率波动的激励机制不能够发生，因而汇率波动对这部分企业生产率产生负面影响，且遗憾的是大部分样本企业都还处在这一阶段。

结论与展望

第一节 主要结论

中国经济经历了30多年的高速增长，取得了举世瞩目的成就，经济总量已跃居世界第二位，人民生活水平大幅提高。然而，随着人口红利的消失和资源环境的制约，我国经济发展已经出现了瓶颈，世界经济格局也在悄然发生改变，对我国经济发展产生冲击。传统发展模式的弊端已经逐渐显现，直接的后果就是环境污染。一些传统产业进入门槛低，导致需求饱和，出现产能过剩问题。企业创新不足，多数处在全球价值链的底端，产品附加值低，盈利能力有限，因此，我国经济转型迫在眉睫。只有坚持创新驱动，走低碳、绿色发展的道路，才能在新一轮国际分工中抓住机遇，向产业链的中高端迈进。企业作为市场经济中主要的商品与服务提供者，更是技术研究、科技创新的重要提供者。同时，企业还将新技术应用于生产环节，因而只有从企业层面上注重产品质量，提高生产率，才能真正实现经济转型。2015年5月8日，国务院正式印发了旨在提高我国制造业竞争力的《中国制造2025》，为企业发展提供了良好的政策环境。

企业生产率的提升除了依靠企业自身努力外，还受到外部环境的影响。由于技术研发投资量大、沉没成本高，且投资的不确定性高，当企业自有资金不足时,如果外部融资环境恶劣,则很容易出现融资约束状况,制约企业生产率的提高。汇率是企业在生产经营中面临的重要外部环境,汇率波动增大将加剧企业技术创新投资的风险,进而对企业生产率产生负面影响。汇率波动增大且存在融资约束,那么对企业而言无疑是雪上加霜,生产率变动也将加剧。相反,如果企业不存在融资约束,可以通过融资来应对汇率风险,那么汇率波动对企业生产率的影响可能会减弱,甚至完全规避。本书较为细致地研究了汇率波动、融资约束对企业生产率的影响并得出了相关结论。

(1) 我国企业生产率增长出现停滞。

采用 OP 方法计算出我国工业企业生产率后,按企业性质划分并进行对比,发现国有企业的生产率明显低于民营企业和外资企业。在我国,国有企业在经济发展中起到中流砥柱的作用,同时解决了大量就业问题,但国有企业容易获得政府补助,可能导致机构臃肿,创新不足。从规模上看,随着企业规模的上升,平均生产率随之提高,表明我国工业企业中存在规模效应。规模大的企业具有较高的收入,实力更强,因而更愿意进行研发与试验(R&D)投入,随着研发转成技术进步,生产率也随之提高。规模较小的企业没有足够的资本进行创新投入,因而技术相对落后,甚至处在生产链的末端,生产率低下。从区域上看,沿海地区的企业全要素生产率要高于中部和西部;从整体上看,1999~2007 年企业生产率呈稳步增长的趋势,而 2008 年经济危机导致生产率出现下滑。然而,经济危机对我国企业的影响可能更持久,排除 2011 年的突变后,2008~2011 年企业生产率增长出现了停滞,2010 年受需求不足的影响,生产率甚至出现了较大幅度的下降。按进出口企业划分后,发现 2005 年后内销企业的生产率高于出口企业,出现了"生产率悖论"现象。

(2) 汇率波动增大将阻碍企业生产率的提升。

本书从理论上分析了汇率变动对企业生产率的影响,全要素生产率包含技术进步、技术效率、配置效率和规模效率四部分。对于企业技术进步:企业技术投入需要支付一定的固定成本,但是可以换来边际成本的下降，因而只有当产品产量达到一定的门槛时，企业才会选择进行技术投资，而汇率波动会加大企业的出口风险，这一效应类似于风险贴水，从而造成企业产量下降，进而影响到企业的技术投资选择。对于技术效率：汇率波动增大将迫使企业选择降低管理层级的低效率管理方式，引起技术效率降低。对于配置效率和规模效率：汇率波动造成企业产品需求市场发生变化，企业短期内无法调整资本或扩大经营规模，从而使配置效率和规模效率无法处在最优水平。同时，汇率波动增大一方面降低了核心产品的比重；另一方面提高了非核心产品的比重，对企业生产率产生负面影响。

实证结果表明，人民币汇率波动增大将对我国企业生产率产生负面影响。汇率波动导致企业风险加大，收益不确定性增加，会降低企业对技术创新的投资，影响其技术进步。汇率波动增加将消耗企业管理者过多的精力控制汇率风险，同时创新技术转化率降低，导致技术效率低下。汇率波动使企业生产资料无法实现最优配置，不利于企业扩大规模，导致规模不经济，进而使配置效率和规模效率降低。对使用不同计算方法获得的生产率进行稳健型检验后，发现结果仍然成立。对比进出口企业发现，汇率波动对出口企业的影响程度较大，同样，非出口企业也会在一定程度上受到汇率波动的影响。按企业性质分析表明，国有企业受到政府的扶植，汇率风险承受能力较强，另外，与民营企业和外资企业相比，国有企业的产品以国内市场为主，因而汇率波动对其影响最小。外资企业在华设厂的根本原因是我国制造成本较低，其产品更多的是出口到其他国家，当汇率波动增大时，其产品出口的风险加大，为了减少风险，它们会减少企业的投资，甚至缩减产量，减少的投资使生产率降低，而规模缩小使得规模效率降低，因而汇率波动对外资企业的影响最大。

汇率波动对企业生产率的影响存在门限效应。规模较大的企业在市场中积累了经营管理的经验，能够更好应对汇率风险。

（3）融资约束将制约企业生产率的提高。

融资约束同样会对企业全要素生产率的四个组成部分产生影响。对于技术进步：融资约束增加了技术的应用成本，从而对企业技术投资决策产生负面影响。对于技术效率：融资约束将使企业倾向于投资"短、平、快"的项目，减少企业管理投入，使技术效率停滞。对于配置效率和规模效率：融资约束将限制企业通过购买先进设备和扩大规模来提高生产率。

实证结果同样证实了融资约束不利于我国工业企业生产率提升。技术进步依赖数量较大的投资，不仅风险高，还易受到融资约束。规模的调整虽然周期较长，但是对于企业长期提升生产率至关重要，而企业规模扩大需要的资金量大、风险高，因而也易受到融资约束。与之相比，技术效率和配置效率的调整期短，投资金额也不大，但是其变动却十分频繁，且易受到市场环境或者偶然因素的影响，因此，企业仍需要一定的流动性来应对技术效率和配置效率下降带来的生产率降低。按企业性质分析表明，国有企业有政府作担保，因而其借贷较为容易，提高生产率所需的技术创新投入、先进技术设备购置等更多依赖外部融资，因而对外部融资约束较为敏感。相反，民营企业和外资企业在市场中面临着严峻的竞争形势，因而必须提高盈利能力，通过内部融资来进行技术创新投入，因而其生产率对内部融资约束更为敏感。无论国有企业还是民营企业，都存在融资约束，且国有企业更加依赖外部融资，因此，国有企业融资同样不容忽视。

融资约束对企业生产率的影响同样存在门限效应。当汇率波动超过门限值时，汇率波动将对企业生产率造成较大的冲击，且此时增加流动性的效果相对于汇率波动低于门限值时大幅下降。那些实力较强的企业，其制度体系完善，有固定的技术创新投资来源，因而生产率受到的融资约束程度比处于门限值下方的企业低。

（4）增加流动性在一定程度上能够缓解企业的汇率风险。

由于汇率波动对处于不同融资约束状况的企业的传递效果和影响程度不同，因而改善企业融资情况能够在一定程度上缓解汇率波动对企业生产率的冲击。一方面，融资约束对于外资企业生产率的影响最小，因而增加其流动性对于缓解汇率风险的效果也最弱，国有企业和民营企业受到较多的融资约束，缓解其融资约束效果更加明显。另一方面，外资企业生产率受汇率波动的影响最大，因而控制汇率大幅波动对于外资企业来说意义最大，当不能控制汇率波动时，需要寻找其他缓解汇率风险的途径。

第二节 展 望

在中国经济稳步发展的过程中，企业生产率提供了强大的动力。然而，正如本书的分析，2008年全球经济危机对我国工业企业生产率造成了较大冲击，且其影响具有持久性。当然，当前全球经济增长都出现了不同程度的放缓，中国经济增长对全球经济回暖做出了巨大贡献，我国经济地位逐渐提高，2016年12月1日，人民币加入特别提款权（SDR）。在全球经济格局重新形成的背景下，只有为企业生产率创造良好的发展环境，才能抓住机遇，进一步增强我国的竞争力。

汇率是企业外贸中的重要环境变量，汇率的稳定不仅有利于本国企业的发展，也有利于与中国存在贸易关系的外国企业的发展。汇率反映了两国货币的实际购买力水平，其变动受到外汇市场供求的影响，因而汇率波动不可避免。汇率的小幅波动是市场配置资源的结果，对企业造成的影响也相对较小，且企业可以在金融市场上对汇率风险进行一定的冲抵。另外，在长期，汇率变动可以增强企业的竞争环境，发挥市场优胜劣汰机制，提高企业整体生产率，这有助于缓解我国目前的产能过剩问题，调整产业结构。2005年汇率改革以来，人民币汇率相对稳定，这对促进我国经济发展和金融环境稳定发挥了重要作用。然而，2014年，受经济增速放缓，国际投资者对我国经济增长预期降低的影响，人民币单向升值的趋势发生了改变，单年贬值幅度达2.4%，这是汇率改革后的首次年度贬值。2016年特朗普当选美国总统后，人民币亦出现大幅贬值，未来人民币双向波动幅度会继续加大，双向波动成为"新常态"。因而，为了维护我国企业的利益，为企业生产、投资、创新提供良好的汇率环境，需要防止外资对汇率市场的冲击以及汇率的大幅波动。

良好的融资环境对企业扩大规模、提高生产率有重要作用,然而,我国工业企业普遍面临着融资难、融资贵的问题,据世界银行报告,融资约束已经成为我国非金融企业发展的主要障碍。同时,市场利率处于较低水平,资金无法找到投资出路。造成这一困境的主要原因是信息不对称,市场缺乏对企业的信用评价体系。由于技术创新投资资金量大、抵押价值低,即使项目具有较高的预期净现值,银行等金融机构出于风险考虑也不愿进行投资。鼓励金融创新,为企业技术创新投资提供专项贷款在一定程度上可以缓解企业融资约束问题,但只有完善企业信用评级体系,才能为资金供需双方的信息缺口开辟通道,发挥资金中介的功能,使资金供需者各取所需,增强资本市场的整体效率。完善企业信用评价系统一方面需要依靠政府,使企业信用评价系统得到社会认可,完善相关法律制度,对信用评价中介机构进行监督管理;另一方面需要发挥市场作用,各信用评价机构选用更加科学的信用评价方法,运用大数据方法建立企业信用评级数据库。

参考文献

[1] Abowd J M, Haltiwanger J, Jarmin R S, et al. The Relation among Human Capital, Productivity and Market Value: Building up from Micro Evidence [C]. Center for Economic Studies, U. S. Census Bureau, 2012.

[2] Ackerberg D A, Caves K. Structural Identification of Production Functions [J]. Mpra Paper, 2006, 88 (453): 411-425.

[3] Aghion P, Angeletos G M, Banerjee A, et al. Volatility and Growth: Credit Constraints and the Composition of Investment [J]. Journal of Monetary Economics, 2010, 57 (3): 246-265.

[4] Aghion P, Bacchetta P, Rancière R, et al. Exchange Rate Volatility and Productivity Growth: The Role of Financial Development [J]. Journal of Monetary Economics, 2006, 56 (4): 494-513.

[5] Aghion P, Banerjee A V, Angeletos G M, et al. Volatility and Growth: Credit Constraints and Productivity – Enhancing Investment [R]. Working Paper, 2011.

[6] Ahn J B, Amiti M, Weinstein D E. Trade Finance and the Great Trade Collapse [J]. American Economic Review, 2011, 101 (3): 298-302.

[7] Aizenman J, Marion N. Volatility and Investment: Interpreting Evidence from Developing Countries [J]. Economica, 1999, 66 (262): 157-179.

[8] Ali-Yrkkö J, Maliranta M. Impact of R&D on Productivity-Firm-level Evidence from Finland [J]. Brazilian Journal of Oral Sciences, 2006, 81 (1): 16-19.

[9] Amiti M, Konings J. Trade Liberalization, Intermediate Inputs, and Productivity: Evidence from Indonesia [J]. American Economic Review, 2005, 97 (97): 1611-1638.

[10] Antony J, Klarl T, Maußner A. Firm Heterogeneity, Credit Constraints, and Endogenous Growth [J]. Journal of Economics, 2012, 105 (3): 199-224.

[11] Ark B V, Timmer M P. The Productivity Gap between Europe and the United States: Trends and Causes [J]. Journal of Economic Perspectives, 2008, 22 (1): 25-44.

[12] Aw B Y, Xu D Y. R & D Investments, Exporting, and the Evolution of Firm Productivity [J]. American Economic Review, 2008, 98 (2): 451-456.

[13] Ayyagari M. Firm Innovation in Emerging Markets [J]. Social Science Electronic Publishing, 2007, 46 (6): 1-56.

[14] Bahmani-Oskooee M, Harvey H, Hegerty S W. Exchange Rate Volatility and Spanish-American Commodity Rrade Flows [J]. Economic Systems, 2014, 38 (2): 243-260.

[15] Bahmani-Oskooee M, Hegerty S W, Zhang R. The Effects of Exchange-Rate Volatility on Korean Trade Flows: Industry-Level Estimates [J]. Economic Papers A Journal of Applied Economics & Policy, 2014, 33 (1): 76-94.

[16] Benhima K. Exchange Rate Volatility and Productivity Growth: The Role of Liability Dollarization [J]. Open Economies Review, 2012, 23 (3): 501-529.

[17] Berman N, Martin P, Mayer T. How do Different Exporters React to Exchange Rate Changes? [J]. The Quarterly Journal of Economics, 2012, 127 (1): 437-492.

[18] Bernard A B, Jensen J B, Redding S J, et al. The Empirics of Firm

Heterogeneity and International Trade [J]. Economics, 2012, 4 (4): 283-313.

[19] Bernard A B, Jensen J B, Schott P K. Importers, Exporters and Multinationals: A Portrait of Firms in the U. S. that Trade Goods [R]. Working Paper, 2005.

[20] Bernard A B, Redding S J, Schott P K. Multi-Product Firms and Product Switching [C]. London School of Economics and Political Science, LSE Library, 2006.

[21] Bernardino J, Lombard M, Niveleau A, et al. Financial Intermediation and Growth: Causality and Causes [J]. Journal of Monetary Economics, 2000, 46 (1): 31-77.

[22] Biesebroeck J V. Exporting Raises Productivity in Sub-Saharan African Manufacturing Firms [J]. Journal of International Economics, 2005, 67 (2): 373-391.

[23] Bloom N, Reenen J V. Measuring and Explaining Management Practices Across Firms and Countries [J]. The Quarterly Journal of Economics, 2007, 122 (4): 1351-1408.

[24] Bloom N, Sadun R, Van Reenen J. The Organization of Firms Across Countries [J]. The Quarterly Journal of Economics, 2012, 127 (4): 1663-1705.

[25] Boucekkine R, Licandro O. Embodied Technological Change Learning-by-doing and the Productivity Slowdown [J]. The Scandinavian Journal of Economics, 2003, 105 (1): 87-98.

[26] Brancati E. Innovation, Financial Constraints and Relationship Lending: Evidence from Italy during the Recent Crises [J]. Emanuele Brancati, 2013.

[27] Brown J R, Martinsson G, Petersen B C. DoFinancing Constraints Matter for R&D? [J]. European Economic Review, 2012, 56 (8): 1512-1529.

[28] Bustos P. Trade Liberalization, Exports and Technology Upgrading: Evidence on the Impact of MERCOSUR on Argentinean Firms [J]. Economics

Working Papers, 2009, 101 (1): 304-340.

[29] Caglayan M, Demir F. Firm Productivity, Exchange Rate Movements, Sources of Finance and Export Orientation [J]. Working Papers, 2012, 54 (54): 204-219.

[30] Caliendo L, Rossi-Hansberg E. The Impact of Trade on Organization and Productivity [J]. The Quarterly Journal of Economics, 2012, 115 (3): 3424-3435.

[31] Caves D W, Diewert W E. The Economic Theory of Index Numbers and the Measurement of Input, Output, and Productivity [J]. Econometrica, 1982, 50 (6): 1393-1414.

[32] Chen M, Guariglia A. Internal Financial Constraints and Firm Productivity in China: Do Liquidity and Export Behavior Make a Difference? [J]. Journal of Comparative Economics, 2011, 41 (4): 1123-1140.

[33] Chen W, Inklaar R. Productivity Spillovers of Organization Capital [J]. Journal of Productivity Analysis, 2016, 78 (3): 1-17.

[34] Clark P B. Uncertainty, Exchange Risk, and the Level of International Trade [J]. Economic Inquiry, 1973, 11 (3): 302-313.

[35] Clementi G L, Hopenhayn H A. A Theory of Financing Constraints and Firm Dynamics [J]. The Quarterly Journal of Economics, 2006, 121 (1): 229-265.

[36] Czarnitzki D, Hottenrott H. R&D Investment and Financing Constraints of Small and Medium-Sized Firm [J]. Small Business Economics, 2011, 36 (1): 65-83.

[37] Danny Leung, Terence Yuen. Do Exchange Rates affect the Capital-Labour Ratio? Panel Evidence from Canadian Manufacturing Industries [J]. Applied Economics, 2010, 42 (20): 2519-2535.

[38] Demir F. Exchange Rate Volatility and Employment Growth in Developing Countries: Evidence from Turkey [J]. World Development, 2010, 38

(8): 1127-1140.

[39] Demir F. Growth under Exchange Rate Volatility: Does Access to Foreign or Domestic Equity Markets Matter? [J]. Journal of Development Economics, 2013, 100 (1): 74-88.

[40] Dhasmana A. Real Exchange Rate Volatility and Employment: Role of External Sector Exposure [J]. Social Science Electronic Publishing, 2015 (479).

[41] Eckel C, Neary J P. Multi-Product Firms and Flexible Manufacturing in the Global Economy [J]. Review of Economic Studies, 2006, 77 (1): 188-217.

[42] Erel I, Jang Y, Weisbach M S. Do Acquisitions Relieve Target Firms' Financial Constraints? [J]. The Journal of Finance, 2015, 70 (1): 289-328.

[43] Ethier W. International Trade and the Forward Exchange Market [J]. American Economic Review, 1973, 63 (63): 494-503.

[44] Fatima S T. Productivity Spillovers from Foreign Direct Investment: Evidence from Turkish Micro-Level Data [J]. Journal of International Trade & Economic Development, 2015, 25 (3): 1-34.

[45] Fazzari S M, Hubbard R G, Petersen B C, et al. Financing Constraints and Corporate Investment [J]. Brookings Papers on Economic Activity, 1988 (1): 141-206.

[46] Ferrando A, Mulier K. Do Firms Use the Trade Credit Channel to Manage Growth? [J]. Journal of Banking & Finance, 2013, 37 (8): 3035-3046.

[47] Forbes S J, Lederman M. Does Vertical Integration Affect Firm Performance? Evidence from the Airline Industry [J]. The Rand Journal of Economics, 2010, 41 (4): 765-790.

[48] Foster L, Haltiwanger J, Krizan C J. Aggregate Productivity Growth: Lessons from Microeconomic Evidence [R]. Nber Working Papers, 1998: 303-372.

[49] Fung L, Liu J T. The Impact of Real Exchange Rate Movements on Firm Performance: A Case Study of Taiwanese Manufacturing Firms [J]. Japan &

the World Economy, 2009, 21 (1): 85-96.

[50] Ganau R. Productivity, Credit Constraints and the Role of Short-Run Localization Economies: Micro – Evidence from Italy [J]. Regional Studies, 2016, 50 (11): 1834-1848.

[51] Gatti R, Love I. Does Access to Credit Improve Productivity? Evidence from Bulgaria [J]. Economics of Transition, 2008, 16 (3): 445-465.

[52] Griliches Z, Regev H. Firm Productivity in Israeli Industry 1979-1988 [J]. Journal of Econometrics, 1995, 65 (1): 175-203.

[53] Han G, Kalirajan K, Singh N. Productivity and Economic Growth in East Asia: Innovation, Efficiency and Accumulation [J]. Japan & the World Economy, 2002, 14 (4): 401-424.

[54] Hansen B E. Threshold Effects in Non-Dynamic Panels: Estimation, Testing, and Inference [J]. Journal of Econometrics, 1999, 93 (2): 345-368.

[55] Harhoff D. Are There Financing Constraints for R&D and Investment in German Manufacturing Firms? [M]. New York: Springer US, 2000.

[56] Harris R G. Is There a Case for Exchange Rate Induced Productivity Changes? [R]. Centre for International Economic Studies, 2001.

[57] Heericourt J. Exchange Rate Volatility, Financial Constraints, and Trade: Empirical Evidence from Chinese Firms [C]. The World Bank, 2013.

[58] Héricourt J, Nedoncelle C. Relative Real Exchange-Rate Volatility, Multi-Destination Firms and Trade: Micro Evidence and Aggregate Implications [R]. Working Papers, 2015.

[59] Kandilov I T, Leblebicioğlu A. TheImpact of Exchange Rate Volatility on Plant-Level Investment: Evidence from Colombia [J]. Journal of Development Economics, 2011, 94 (2): 220-230.

[60] King R G, Levine R. Finance, Entrepreneurship and Growth: Theory and Evidence [J]. Journal of Monetary Economics, 1993, 32 (3): 513-542.

[61] Ky-Hyang Yuhn, Jene K Kwon. Economic Growth and Productivity:

A Case Study of South Korea [J]. Applied Economics, 2000, 32 (1): 13-23.

[62] Levinsohn J, Petrin A. Estimating Production Functions Using Inputs to Control for Unobservables [J]. Review of Economic Studies, 2000, 70 (2): 317-341.

[63] Lin C C, Chen K M, Rau H H. Exchange Rate Volatility and the Timing of Foreign Direct Investment: Market-Seeking versus Export-Substituting [J]. Review of Development Economics, 2010, 14 (3): 466-486.

[64] Linck J S, Shu T. Can Managers Use Discretionary Accruals to Ease Financial Constraints? Evidence from Discretionary Accruals Prior to Investment [J]. Accounting Review, 2013, 88 (6): 2117-2143.

[65] Loecker J D. Do Exports Generate Higher Productivity? Evidence from Slovenia [J]. Journal of International Economics, 2004, 73 (1): 69-98.

[66] Matsuyama K. Credit Market Imperfections and Patterns of International Trade and Capital Flows [J]. Journal of the European Economic Association, 2005, 3 (2-3): 714-723.

[67] Mehmet Nihat Solakoglu, Ebru Güven Solakoglu, Tunç Demirağ. ExchangeRate Volatility and Exports: A Firm-Level Analysis [J]. Applied Economics, 2008, 40 (7): 921-929.

[68] Melitz M J. The Impact of Trade on Intra-Industry Reallocations and Aggregate Industry Productivity [J]. Econometrica, 2003, 71 (6): 1695-1725.

[69] Messinis G, Ahmed A D. Cognitive Skills, Innovation and Technology Diffusion [J]. Economic Modelling, 2013, 30 (1): 565-578.

[70] Minetti R, Zhu S C. CreditConstraints and Firm Export: Microeconomic Evidence from Italy [J]. Journal of International Economics, 2011, 83 (2): 109-125.

[71] Musila J W, Yiheyis Z. The Impact of Trade Openness on Growth: The Case of Kenya [J]. Journal of Policy Modeling, 2015, 37 (2): 342-354.

[72] Nucci F, Pozzolo A F. Investment and the Exchange Rate: An Analy-

sis with Firm-Level Panel Data [J]. European Economic Review, 2001, 45 (2): 259-283.

[73] Oliner S D, Sichel D E. The Resurgence of Growth in the Late 1990s: Is Information Technology the Story? [J]. Social Science Electronic Publishing, 2000, 14 (4): 3-22.

[74] Prescott E C, Lawrence R. Klein Lecture 1997: Needed: A Theory of Total Factor Productivity [J]. International Economic Review, 1998, 39 (3): 525-551.

[75] Schmitz J A, Bridgman B. The Economic Performance of Cartels: Evidence from the New Deal U. S. Sugar Manufacturing Cartel, 1934-74 [R]. Staff Report, 2009.

[76] Strasser G. ExchangeRate Pass-through and Credit Constraints [J]. Journal of Monetary Economics, 2013, 60 (1): 25-38.

[77] Tenreyro S. On the Trade Impact of Nominal Exchange Rate Volatility [J]. Ssrn Electronic Journal, 2004, 82 (2): 485-508.

[78] Tomlin B, Fung L. The Effect of Exchange Rate Movements on Heterogeneous Plants: A Quantile Regression Analysis [R]. Working Papers, 2010.

[79] Yeaple S R. A Simple Model of Firm Heterogeneity, International Trade, and Wages [J]. Journal of International Economics, 2005, 65 (1): 1-20.

[80] 包群, 叶宁华, 邵敏. 出口学习、异质性匹配与企业生产率的动态变化 [J]. 世界经济, 2014 (4): 26-48.

[81] 曹伟, 左杨. 人民币汇率水平变化、汇率波动幅度对进口贸易的影响——基于省际面板数据的研究 [J]. 国际贸易问题, 2014 (7): 42-52.

[82] 曾勇. 不确定条件下的技术创新投资决策: 实物期权模型及应用 [M]. 北京: 科学出版社, 2007.

[83] 陈海强, 韩乾, 吴锴. 融资约束抑制技术效率提升吗？——基于

制造业微观数据的实证研究[J].金融研究,2015(10):148-162.

[84] 陈静,雷厉.中国制造业的生产率增长、技术进步与技术效率——基于DEA的实证分析[J].当代经济科学,2010(4):83-89+127.

[85] 陈婷.人民币汇率对多产品企业出口的影响[J].世界经济研究,2015(1):48-55+127-128.

[86] 陈勇兵,仉荣,曹亮.中间品进口会促进企业生产率增长吗——基于中国企业微观数据的分析[J].财贸经济,2012(3):76-86.

[87] 戴觅,施炳展.中国企业层面有效汇率测算:2000~2006[J].世界经济,2013(5):52-68.

[88] 戴觅,余淼杰,Madhura Maitra.中国出口企业生产率之谜:加工贸易的作用[J].经济学(季刊),2014(2):675-698.

[89] 邓建平,曾勇.金融关联能否缓解民营企业的融资约束[J].金融研究,2011(8):78-92.

[90] 邓可斌,曾海舰.中国企业的融资约束:特征现象与成因检验[J].经济研究,2014(2):47-60+140.

[91] 邓可斌,林映丹.融资约束与我国企业生产效率:抑制还是提升?[J].产经评论,2015(6):126-135.

[92] 杜江,易瑾,袁昌菊.汇率变动对企业生存的影响分析——来自服装行业非上市公司的证据[J].四川大学学报(哲学社会科学版),2013(1):96-102.

[93] 杜玉兰.国际金融[M].北京:科学出版社,2010.

[94] 范剑勇,冯猛.中国制造业出口企业生产率悖论之谜:基于出口密度差别上的检验[J].管理世界,2013(8):16-29.

[95] 方宇惟,夏庆杰,李实.究竟是什么因素抑制了企业成长?——来自外部融资约束分析的证据:1999~2007[J].产业经济研究,2014(1):13-22+110.

[96] 封福育.人民币汇率波动对出口贸易的不对称影响——基于门限回归模型经验分析[J].世界经济文汇,2010(2):24-32.

[97] 谷宇, 高铁梅. 人民币汇率波动性对中国进出口影响的分析 [J]. 世界经济, 2007 (10): 49-57.

[98] 顾国达, 张正荣, 张钱江. 汇率波动、出口结构与贸易福利——基于要素流动与世界经济失衡的分析 [J]. 世界经济研究, 2007 (2): 3-8+87.

[99] 顾群, 翟淑萍. 融资约束、研发投资与资金来源——基于研发投资异质性的视角 [J]. 科学学与科学技术管理, 2014 (3): 15-22.

[100] 何光辉, 杨咸月. 融资约束对企业生产率的影响——基于系统GMM方法的国企与民企差异检验 [J]. 数量经济技术经济研究, 2012 (5): 19-35.

[101] 何暑子, 范从来. 人民币升值对出口企业研发活动的影响——异质企业双寡头博弈分析 [J]. 经济管理, 2012 (5): 1-9.

[102] 贺聪, 尤瑞章. 中国不同所有制工业企业生产效率比较研究 [J]. 数量经济技术经济研究, 2008 (8): 29-42.

[103] 胡宗义, 徐俐. 基于GMM的技术创新对企业生产率的影响研究 [J]. 经济数学, 2013 (1): 74-80.

[104] 黄静波, 黄小兵. 生产率是出口决定因素吗？——基于中国企业的实证分析 [J]. 世界经济研究, 2011 (9): 44-50+88.

[105] 黄小兵. 异质企业、汇率波动与出口——基于中国企业的实证研究 [J]. 国际金融研究, 2011 (10): 47-54.

[106] 姜波克, 李天栋. 人民币均衡汇率理论的新视角及其意义 [J]. 国际金融研究, 2006 (4): 60-66.

[107] 姜波克. 均衡汇率理论与政策新框架的三探索——基于自然资源角度的分析 [J]. 国际金融研究, 2007 (1): 53-57+62.

[108] 蒋为, 顾凌骏. 融资约束、成本异质性与企业出口行为——基于中国工业企业数据的实证分析 [J]. 国际贸易问题, 2014 (2): 167-176.

[109] 金雪军, 陈雪. 人民币汇率风险溢价波动的状态转换研究 [J]. 浙江大学学报 (人文社会科学版), 2011, 41 (5): 188-199.

[110] 康志勇. 融资约束、政府支持与中国本土企业研发投入 [J]. 南开管理评论, 2013 (5): 61-70.

[111] 科埃利. 效率与生产率分析引论 [M]. 北京: 中国人民大学出版社, 2008.

[112] 李春顶, 唐丁祥. 出口与企业生产率: 新—新贸易理论下的我国数据检验 (1997~2006年) [J]. 国际贸易问题, 2010 (9): 13-21+32.

[113] 李芳, 李秋娟. 人民币汇率与房地产价格的互动关系——基于2005~2012年月度数据的 MS-VAR 模型分析 [J]. 国际金融研究, 2014 (3): 86-96.

[114] 李宏彬, 马弘, 熊艳艳, 徐嫄. 人民币汇率对企业进出口贸易的影响——来自中国企业的实证研究 [J]. 金融研究, 2011 (2): 1-16.

[115] 李科, 徐龙炳. 融资约束、债务能力与公司业绩 [J]. 经济研究, 2011 (5): 61-73.

[116] 李腊生, 高书丽. 人民币实际汇率波动、汇率错位对中国制造业出口的影响 [J]. 当代财经, 2012 (11): 90-100.

[117] 李平, 钟学义, 王宏伟, 郑世林. 中国生产率变化与经济增长源泉: 1978~2010年 [J]. 数量经济技术经济研究, 2013 (1): 3-21.

[118] 李思飞, 靳来群. 融资约束、融资渠道与企业全要素生产率——基于 GPSM 方法对中国工业企业的检验 [J]. 江西财经大学学报, 2015 (2): 20-31.

[119] 李小平. 自主 R&D、技术引进和生产率增长——对中国分行业大中型工业企业的实证研究 [J]. 数量经济技术经济研究, 2007 (7): 15-24.

[120] 李玉红, 王皓, 郑玉歆. 企业演化: 中国工业生产率增长的重要途径 [J]. 经济研究, 2008 (6): 12-24.

[121] 李志远, 余淼杰. 生产率、信贷约束与企业出口: 基于中国企业层面的分析 [J]. 经济研究, 2013 (6): 85-99.

[122] 刘丹鹭, 魏守华. 创新与服务业生产率——基于微观企业的实

证研究 [J]. 研究与发展管理, 2013 (2): 74-84.

[123] 刘莉亚, 何彦林, 王照飞, 程天笑. 融资约束会影响中国企业对外直接投资吗?——基于微观视角的理论和实证分析 [J]. 金融研究, 2015 (8): 124-140.

[124] 刘敏. 汇率水平、波动及预期对我国吸收外商直接投资的影响分析 [J]. 经济问题探索, 2013 (10): 94-99.

[125] 刘啟仁. 基于频域的汇率非对称传递研究 [J]. 统计研究, 2013 (11): 68-76.

[126] 刘沁清. 汇率变动、企业行为和内涵经济增长的再刻画 [J]. 国际金融研究, 2007 (1): 63-67.

[127] 刘续棵. 中国制造业全要素生产率的再估计: 2000~2008 [J]. 劳动经济研究, 2014 (2): 112-133.

[128] 柳荻, 尹恒. 企业全要素生产率估计新方法——全要素生产率估计的结构方法及其应用 [J]. 经济学动态, 2015 (7): 136-148.

[129] 卢之旺. 人民币汇率波动对出口企业经营状况的影响研究 [J]. 宏观经济研究, 2015 (3): 38-49.

[130] 鲁晓东, 连玉君. 中国工业企业全要素生产率估计: 1999—2007 [J]. 经济学 (季刊), 2012 (2): 541-558.

[131] 罗长远, 季心宇. 融资约束下的企业出口和研发: "鱼" 与 "熊掌" 不可得兼? [J]. 金融研究, 2015 (9): 140-158.

[132] 马淑琴, 王江杭. 融资约束与异质性企业出口前沿研究述评 [J]. 国际贸易问题, 2014 (11): 164-176.

[133] 毛其淋. 要素市场扭曲与中国工业企业生产率——基于贸易自由化视角的分析 [J]. 金融研究, 2013 (2): 156-169.

[134] 钱学锋, 余弋. 出口市场多元化与企业生产率: 中国经验 [J]. 世界经济, 2014 (2): 3-27.

[135] 邱立成, 刘文军. 人民币汇率水平的高低与波动对外国直接投资的影响 [J]. 经济科学, 2006 (1): 74-84.

[136] 全炯振. 中国农业全要素生产率增长的实证分析: 1978~2007年——基于随机前沿分析(SFA)方法 [J]. 中国农村经济, 2009 (9): 36-47.

[137] 饶华春. 中国金融发展与企业融资约束的缓解——基于系统广义矩估计的动态面板数据分析 [J]. 金融研究, 2009 (9): 156-164.

[138] 任再萍, 赵自兵. 汇率波动的企业影响理论综述 [J]. 财贸研究, 2010 (1): 84-88.

[139] 沙文兵, 刘红忠. 人民币国际化、汇率变动与汇率预期 [J]. 国际金融研究, 2014 (8): 10-18.

[140] 沈红波, 寇宏, 张川. 金融发展、融资约束与企业投资的实证研究 [J]. 中国工业经济, 2010 (6): 55-64.

[141] 盛丹, 王永进. "企业间关系"是否会缓解企业的融资约束 [J]. 世界经济, 2014 (10): 104-122.

[142] 苏海峰, 陈浪南. 人民币汇率变动对中国贸易收支时变性影响的实证研究——基于半参数函数化系数模型 [J]. 国际金融研究, 2014 (2): 43-52.

[143] 苏锦红, 兰宜生, 夏怡然. 异质性企业全要素生产率与要素配置效率——基于1999~2007年中国制造业企业微观数据的实证分析 [J]. 世界经济研究, 2015 (11): 109-117+129.

[144] 孙灵燕, 李荣林. 融资约束限制中国企业出口参与吗? [J]. 经济学(季刊), 2012 (1): 231-252.

[145] 孙晓华, 王昀. R&D投资与企业生产率——基于中国工业企业微观数据的PSM分析 [J]. 科研管理, 2014 (11): 92-99.

[146] 汤二子, 李影, 张海英. 异质性企业、出口与"生产率悖论"——基于2007年中国制造业企业层面的证据 [J]. 南开经济研究, 2011 (3): 79-96.

[147] 唐德祥, 李京文, 孟卫东. R&D对技术效率影响的区域差异及其路径依赖——基于我国东、中、西部地区面板数据随机前沿方法(SFA)

的经验分析 [J]. 科研管理, 2008 (2): 115-121+127.

[148] 田朔, 张伯伟, 陈立英. 汇率变动与出口扩展边际——兼论企业异质性行为 [J]. 国际贸易问题, 2015 (2): 168-176.

[149] 涂正革, 肖耿. 中国的工业生产力革命——用随机前沿生产模型对中国大中型工业企业全要素生产率增长的分解及分析 [J]. 经济研究, 2005 (3): 4-15.

[150] 王兵, 颜鹏飞. 中国的生产率与效率: 1952~2000——基于时间序列的 DEA 分析 [J]. 数量经济技术经济研究, 2006 (8): 22-30.

[151] 王根蓓. 汇率调整、定价模式与出口加工企业盈利能力: 汇率调整微观效应的弹性分析 [J]. 世界经济, 2008 (7): 15-25.

[152] 王自锋. 汇率水平与波动程度对外国直接投资的影响研究 [J]. 经济学 (季刊), 2009 (4): 1497-1526.

[153] 吴贾, 黄霖, 张睿. 汇率波动是否增加了投资者的风险——理论与实证 [J]. 金融研究, 2014 (8): 64-79.

[154] 吴丽华, 傅广敏. 人民币汇率、短期资本与股价互动 [J]. 经济研究, 2014 (11): 72-86.

[155] 吴武清, 陈敏, 毛志杰. 人民币汇率、汇率风险对中国对美国出口的经济影响分析 [J]. 数理统计与管理, 2008, 27 (4): 663-677.

[156] 吴延瑞. 生产率对中国经济增长的贡献: 新的估计 [J]. 经济学 (季刊), 2008 (3): 827-842.

[157] 向训勇, 陈飞翔. 汇率传递研究最新动态及展望 [J]. 上海金融, 2015 (10): 40-46.

[158] 项松林, 魏浩. 流动性约束对企业生产率的影响 [J]. 统计研究, 2014 (3): 27-36.

[159] 谢家智, 刘思亚, 李后建. 政治关联、融资约束与企业研发投入 [J]. 财经研究, 2014 (8): 81-93.

[160] 许家云, 毛其淋. 人民币汇率水平与出口企业加成率——以中国制造业企业为例 [J]. 财经研究, 2016 (1): 103-112.

[161] 许家云, 佟家栋, 毛其淋. 人民币汇率、产品质量与企业出口行为——中国制造业企业层面的实证研究 [J]. 金融研究, 2015 (3): 1-17.

[162] 许家云, 佟家栋, 毛其淋. 人民币汇率变动、产品排序与多产品企业的出口行为——以中国制造业企业为例 [J]. 管理世界, 2015 (2): 17-31.

[163] 许家云, 佟家栋, 毛其淋. 人民币汇率与企业生产率变动——来自中国的经验证据 [J]. 金融研究, 2015 (10): 1-16.

[164] 颜鹏飞, 王兵. 技术效率、技术进步与生产率增长: 基于 DEA 的实证分析 [J]. 经济研究, 2004 (12): 55-65.

[165] 阳佳余. 融资约束与企业出口行为: 基于工业企业数据的经验研究 [J]. 经济学(季刊), 2012 (4): 1503-1524.

[166] 杨光, 孙浦阳, 陈惟. 融资约束、汇率变化与资本品进口 [J]. 江苏社会科学, 2015 (6): 43-49.

[167] 杨晓云. 资本品进口与融资约束——来自中国制造业企业的经验研究 [J]. 国际经贸探索, 2013 (12): 85-97.

[168] 易靖韬, 傅佳莎. 企业生产率与出口: 浙江省企业层面的证据 [J]. 世界经济, 2011 (5): 74-92.

[169] 尹恒, 柳荻, 李世刚. 企业全要素生产率估计方法比较 [J]. 世界经济文汇, 2015 (4): 1-21.

[170] 于洪霞, 龚六堂, 陈玉宇. 出口固定成本融资约束与企业出口行为 [J]. 经济研究, 2011 (4): 55-67.

[171] 于蔚, 汪淼军, 金祥荣. 政治关联和融资约束: 信息效应与资源效应 [J]. 经济研究, 2012 (9): 125-139.

[172] 余林徽, 陆毅, 路江涌. 解构经济制度对我国企业生产率的影响 [J]. 经济学(季刊), 2014 (1): 127-150.

[173] 余森杰, 王雅琦. 人民币汇率变动与企业出口产品决策 [J]. 金融研究, 2015 (4): 19-33.

[174] 袁申国, 陈平, 刘兰凤. 汇率制度、金融加速器和经济波动 [J]. 经济研究, 2011 (1): 57-70+139.

[175] 岳文, 陈飞翔. 如何解决企业生产函数估计中的内生性问题?——一个文献综述的视角 [J]. 经济评论, 2015 (2): 149-160.

[176] 岳希明, 任若恩. 测量中国经济的劳动投入: 1982~2000 年 [J]. 经济研究, 2008 (3): 16-28.

[177] 詹正华, 武展, 李晓钟. 汇率对中国制造业企业生产率的影响 [J]. 技术经济, 2015 (2): 113-118.

[178] 张伯伟, 田朔, 许家云. 汇率变动、融资能力与中国企业出口 [J]. 山西财经大学学报, 2015 (3): 11-21.

[179] 张伯伟, 田朔. 汇率波动对出口贸易的非线性影响——基于国别面板数据的研究 [J]. 国际贸易问题, 2014 (6): 131-139.

[180] 张德进, 王洛林. 汇率变化对企业生产率影响的文献综述 [J]. 国际经贸探索, 2012 (2): 4-14.

[181] 张海波, 陈红. 人民币汇率风险度量研究——基于不同持有期的 VaR 分析 [J]. 宏观经济研究, 2012 (12): 25-31+67.

[182] 张会清, 唐海燕. 人民币升值、企业行为与出口贸易——基于大样本企业数据的实证研究: 2005~2009 [J]. 管理世界, 2012 (12): 23-34+45+187.

[183] 张会清. 人民币升值、商品异质性与出口结构调整 [J]. 国际贸易问题, 2015 (2): 155-167.

[184] 张杰, 李克, 刘志彪. 市场化转型与企业生产效率——中国的经验研究 [J]. 经济学 (季刊), 2011 (2): 571-602.

[185] 张杰, 李勇, 刘志彪. 出口促进中国企业生产率提高吗?——来自中国本土制造业企业的经验证据: 1999~2003 [J]. 管理世界, 2009 (12): 11-26.

[186] 张杰, 芦哲, 郑文平, 陈志远. 融资约束、融资渠道与企业 R&D 投入 [J]. 世界经济, 2012 (10): 66-90.

[187] 张杰, 郑文平, 陈志远. 进口与企业生产率——中国的经验证据 [J]. 经济学（季刊）, 2015（3）: 1029-1052.

[188] 张军, 吴桂英, 张吉鹏. 中国省际物质资本存量估算: 1952~2000 [J]. 经济研究, 2004（10）: 35-44.

[189] 张三峰, 卜茂亮. 环境规制、环保投入与中国企业生产率——基于中国企业问卷数据的实证研究 [J]. 南开经济研究, 2011（2）: 129-146.

[190] 张涛, 严肃, 陈体标. 汇率波动对企业生产率的影响——基于中国工业企业数据的实证分析 [J]. 华东师范大学学报（哲学社会科学版）, 2015（3）: 110-118+170-171.

[191] 张晓玫, 宋卓霖, 何理. 银企关系缓解了中小企业融资约束吗——基于投资—现金流模型的检验 [J]. 当代经济科学, 2013（5）: 32-39+125.

[192] 张欣, 孙刚. 汇率变动、生产率异质性与出口企业盈利能力研究——基于701家上市公司的实证检验 [J]. 国际金融研究, 2014（10）: 43-52.

[193] 张欣. 融资约束视阈下出口企业汇率波动承受能力研究——基于257家上市公司的实证检验 [J]. 上海金融, 2014（7）: 13-17.

[194] 章贵桥. 人民币汇率波动、成本粘性与企业自由现金流——来自A股上市公司2003~2011年经验证据 [J]. 财经论丛, 2015（2）: 58-66.

[195] 章祥荪, 贵斌威. 中国全要素生产率分析: Malmquist指数法评述与应用 [J]. 数量经济技术经济研究, 2008（6）: 111-122.

[196] 赵春明, 文磊, 赵梦初. 融资约束对企业全要素生产率的影响——基于工业企业数据的研究 [J]. 经济经纬, 2015（3）: 66-72.

[197] 赵建春, 许家云. 人民币汇率、政府补贴与企业风险承担 [J]. 国际贸易问题, 2015（8）: 135-144.

[198] 钟宁桦. 公司治理与员工福利: 来自中国非上市企业的证据

[J]. 经济研究, 2012 (12): 137-151.

[199] 周世民, 王书飞, 陈勇兵. 出口能缓解民营企业融资约束吗?——基于匹配的倍差法之经验分析 [J]. 南开经济研究, 2013 (3): 95-109.